PROYECTO Y COORDINACIÓN EDITORIAL

Departamento ELE de Ediciones SM

AUTOR

Virgilio Borobio

EQUIPO EDITORIAL

Cubierta: Equipo de Diseño de Ediciones SM
Maqueta: José Ugarte
Dibujos: Luis Rojas

Comercializa

Para el extranjero:

EDICIONES SM - Joaquín Turina, 39 - 28044 Madrid (España)
Teléfono 91-422 88 00 - Fax 91-508 99 27

Para España:

EN&B, Hispano Francesa de Ediciones, SA
Alcalá, 261-265 - Edificio 4-1.° - 28027 Madrid
Teléfono 91-350 05 96 - Fax 91-359 30 39

CESMA, SA - Aguacate, 43 - 28044 Madrid (España)
Teléfono 91-508 86 41 - Fax 91-508 72 12

ISBN: 84-348-3594-0
Depósito legal: M-32342-2001
Preimpresión: Grafilia, SL
Huertas Industrias Gráficas, SA
Camino Viejo de Getafe, 55 - Fuenlabrada (Madrid)
Impreso en España / *Printed in Spain*

CURSO DE ESPAÑOL PARA EXTRANJEROS

CUADERNO DE EJERCICIOS

1

Lección preparatoria 1

1 **Forma un diálogo con las palabras del recuadro.**

me	Yo	tú	Me
Luis		Hola	
	Hola		llamo
llamo	Marta	Y	

— ________ ________ ________. ¿________ ________?
• ________ ________ ________ ________.
— ¡________!
• ¡________!

2 **¿«Buenos días», «buenas tardes» o «buenas noches»? Escríbelo.**

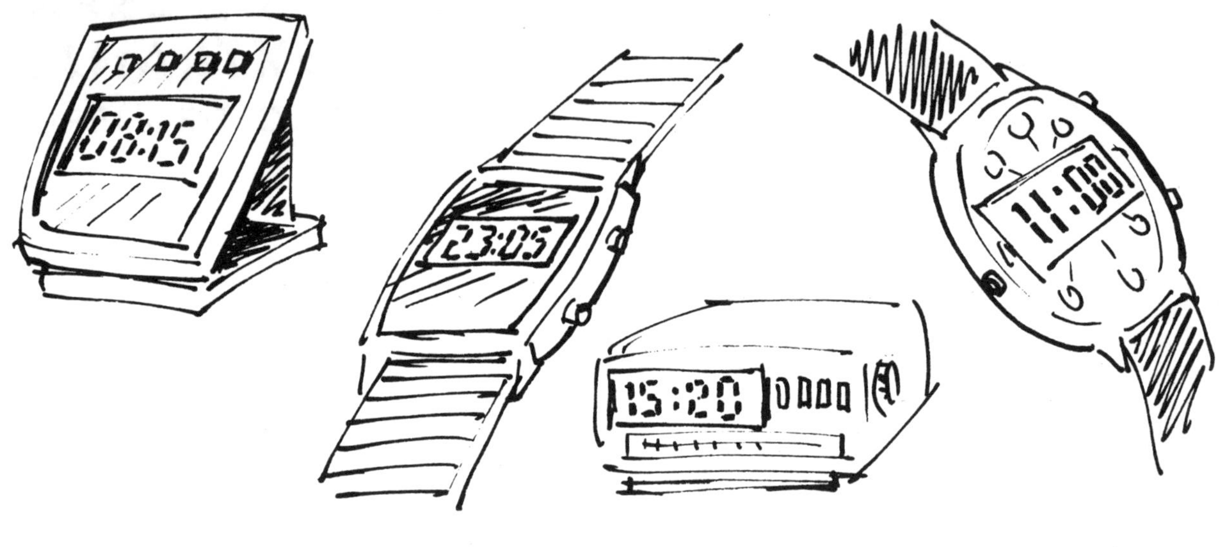

....

3 **Escribe.**

1 letra que rima con **a:** K.
7 letras que riman con **b:** C._, _, _, _, _, _.
7 letras que riman con **f:** L._, _, _, _, _, _.
1 letra que rima con **u:** _.

4 **Escucha y escribe las letras que oigas.**

b- a- r ....

....

....

....

....

....

5 **Escribe las frases en las burbujas correspondientes.**

Sí	¿Está bien así? No entiendo. ¿Puedes repetir, por favor?	¿Cómo se escribe? No

6 **Relaciona los dibujos con las palabras o expresiones.**

pregunta	mira marca	escucha	lee habla con tu compañero	escribe

A - lee ....
B - ....
C - ....
D - ....
E - ....
F - ....
G - ....

7 **Completa estas palabras con «a», «e», «i», «o», «u».**

c_n_   m_s_ _   _d_ _s   _ _r_p_ _rt_
t_l_f_n_   r_st_ _r_nt_   p_s_p_rt_

8 **Deletrea estas palabras y comprueba:**

hotel   bien   apellido   aeropuerto

Lección preparatoria 2

SOPA DE LETRAS

1 Busca diez adjetivos de nacionalidad correspondientes a estos países:

Japón	Inglaterra	Suiza	Holanda	México
Alemania	Suecia	Francia	Italia	Argentina

B	A	R	G	E	N	T	I	N	O
J	A	P	O	N	E	S	T	U	R
H	X	I	R	U	F	X	A	G	M
O	D	F	O	J	R	Y	L	R	E
L	A	L	E	M	A	N	I	O	X
A	M	O	V	I	N	E	A	P	I
N	O	S	U	E	C	A	N	E	C
D	I	N	G	L	E	S	A	F	A
E	H	Q	Y	H	S	O	C	U	N
S	J	O	S	U	I	Z	A	D	A

Ahora escribe el masculino y el femenino de esos adjetivos.

	MASCULINO	FEMENINO		MASCULINO	FEMENINO
1.	francés	francesa	6.	________	________
2.	________	________	7.	________	________
3.	________	________	8.	________	________
4.	________	________	9.	________	________
5.	________	________	10.	________	________

Completa el diálogo con las palabras del recuadro.

está	escribe	bien	dice	Más

—¿Cómo se ________ «good bye» en español?

• «Adiós».

—¿Cómo se ________?

• A - d - i...

—________ despacio, por favor.

• A - d - i - ó - s.

—¿Está ________ así?

• A ver... Sí, ______ bien.

3 **Forma tres preguntas con las palabras del recuadro.**

dónde	Cómo	lenguas
te	Qué	llamas
eres	hablas	De

1. ¿_______________________________________?
2. ¿_______________________________________?
3. ¿_______________________________________?

Ahora escribe tus respuestas a esas preguntas.

1. ______________________________
2. ______________________________
3. ______________________________

CRUCIGRAMA

4 **Escribe los números con letras.**

15 2 17 4
16 ▶ D I E C I S E I S
12 7 10 ▶ 11 14 8 ▶ 5 ▶ 1 ▶ 20 ▶ 3 ▶ 9 ▶ 13 ▶

5 BUSCA EL INTRUSO.

Portugal Colombia (francés) Estados Unidos Egipto
bar cine restaurante dieciséis hotel
lee escucha pregunta escribe italiano

6 **¿Qué países te sugieren estas palabras?**

1. Macarroni Italia
2. Vodka ______________
3. Kárate ______________
4. Samba ______________
5. Jazz ______________
6. Tequila ______________
7. Rock and Roll ______________
8. Club ______________
9. Reggae ______________
10. Champagne ______________

7 **Pregunta como en el modelo.**

Buenos días / francés.

¿Cómo se dice «buenos días» en francés?

1. Buenos días / francés.
2. Adiós / italiano.
3. Hola / inglés.
4. Buenas tardes / japonés.
5. Sí / holandés.
6. Gracias / sueco.
7. Hasta mañana / árabe.
8. No sé / portugués.

8 **¿Conoces otras palabras relacionadas con España o Latinoamérica? Escríbelas en el recuadro.**

Lección 3

1 **Busca una profesión en cada anuncio y escríbela.**

A. _ _ _ _ _ _
(4)

C. _ _ _ _ _ _ _ _ _ _ _ _
(6, 9)

E. _ _ _ _ _ _ _ _
(1, 8)

B. _ _ _ _ _ _ _ _ _ _ _ _ _
(2, 10)

D. _ _ _ _ _ _ _ _
(3, 5)

F. _ _ _ _ _ _ _ _ _ _
(7)

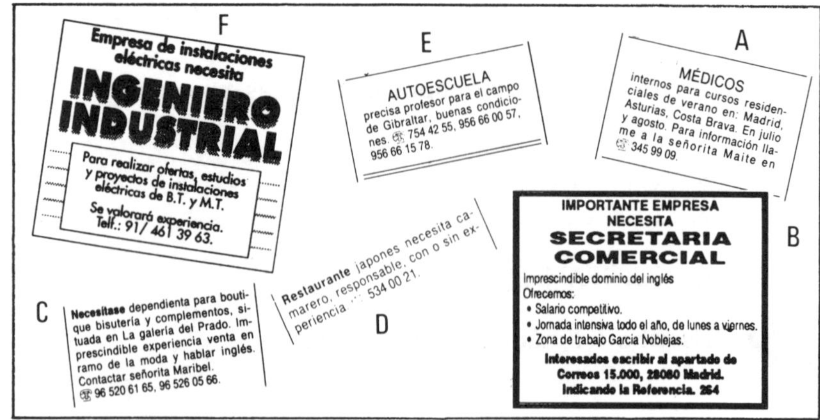

Ahora usa las claves y escribe el nombre de otra profesión.

_ _ _ _ _   _ _ _ _ _
1 2 3 4 5   6 7 8 9 10

2 **Escribe las palabras que faltan.**

15 33	catorce
88	setenta y ocho
96	treinta y tres
50	veintiuno
21	dieciocho
18	noventa y seis
49	cien
13	ochenta y ocho
67	cincuenta
78	....
100	....
12	....
14	....

3 **Ordena estos datos y escríbelos en el sobre.**

C/ Alcalá,
María Ruiz
28001-MADRID
n.° 65-4.° A

4 **Escribe estas preguntas correctamente.**

1. ¿Cómotellamas? → ....
2. ¿Dedóndeeres? → ....
3. ¿Quéhaces? → ....
4. ¿Dóndevives? → ....
5. ¿Quénúmerodeteléfonotienes? → ....

5 **Forma el máximo número de frases posibles con elementos de las tres columnas.**

Soy Trabaja Hablo Estudia Vive	en de Ø	Filosofía inglés y un poco de francés Bolivia un restaurante la calle Churruca periodista

6 a) **Completa el diálogo con las palabras del recuadro.**

en	yo	colombiana	soy	vivo	de

—Tú eres sudamericana, ¿verdad?
• Sí, soy ______ .
—¿De Bogotá?
• No, ______ Medellín.
—Yo soy catalán, pero ______ en Madrid.
• ¡Ah...!
—¿Qué haces? ¿Estudias o trabajas?
• Trabajo ______ un hospital, ______ médica.
—Pues ______ estudio Psicología.

b) **Escucha y comprueba.**

7 **Rellena esta ficha con tus datos personales.**

SUSCRIBETE GRATIS AL BID

BOLETIN INFORMATIVO DISCOPLAY

Primer APELLIDO
[ ]

Segundo APELLIDO
[ ]

NOMBRE [ ] EDAD [ ]

TELEFONO
[ ]

CALLE
[ ]

NUM. [ ] PISO [ ] PUERTA [ ] CODIGO POSTAL [ ]

POBLACION
[ ]

PROVINCIA
[ ]

8 **Mira la lección 3 del libro del alumno y escribe en el recuadro las palabras o expresiones más difíciles.**

Lección 4

1 a) **Aquí tienes dos diálogos mezclados (1 y 2). Señala qué frases corresponden a cada uno de ellos.**

1. Muy bien, gracias. ¿Y usted?
2. ¡Hola, Gloria! ¿Qué tal?

Encantado.

¡Hola!

Mucho gusto.

Muy bien. Mira, éste es Julio, un compañero de clase. Y ésta, Cristina, una amiga.

Bien también. Mire, le presento a la señora Gómez. El señor Sáez.

1. Buenos días. ¿Qué tal está, señor Pérez?

¡Hola!

b) **Ahora ordena y escribe los dos diálogos.**

1

Buenos días. ¿Qué tal está, señor Pérez?

....

....

....

....

2

¡Hola, Gloria! ¿Qué tal?

....

....

....

....

....

2 **Completa estas frases con «el», «la» o «∅».**

1. Buenas tardes, ____ señor Coll.
2. ¿____ señorita Díaz, por favor?
3. ¿Qué tal, ____ señor Tejedor?
4. Perdone, ¿es usted ____ señor Urrutia?
5. Mire, le presento a ____ señora Ugarte.
6. Buenos días. Soy ____ señor Villanueva.
7. Hasta mañana, ____ señora Castaños.

3 **¿Qué dices en las siguientes situaciones? Escríbelo.**

BUSCAS A LA SEÑORA TORRES	¿La señora Torres, por favor?
TE DESPIDES DEL SEÑOR MONTES	
SALUDAS AL SEÑOR SÁNCHEZ	
BUSCAS A LA SEÑORITA MONTERO	
PRESENTAS A LA SEÑORA ÁLVAREZ Y AL SEÑOR ORTIZ	
SALUDAS AL SEÑOR BARRERA	
PRESENTAS AL SEÑOR SAGASTA Y A LA SEÑORA HERMOSILLA	

4 a) **¿Tú o usted?**

1. ¿Qué tal estás? (tú)
2. ¿Es estudiante?
3. ¿Qué estudias?
4. Es holandés, ¿verdad?
5. ¿Dónde trabaja?
6. ¿Qué lenguas hablas?
7. Vives en Bilbao, ¿no?

4 b) **Ahora completa las dos columnas.**

Tú	**Usted**
¿Qué tal estás?	....
....	¿Es estudiante?
¿Qué estudias?	....
....	Es holandés, ¿verdad?
....	¿Dónde trabaja?
¿Qué lenguas hablas?	....
Vives en Bilbao, ¿no?	....

5 CRUCIGRAMA

Horizontales

1. ¿El señor Almeida, por ________?
2. Usted es holandés, ¿________?
3. ¿Qué tal ________, señorita Montes?
4. ¿________ trabajas?
5. Marisol trabaja en un ________, es periodista.
6. ¿Cómo se ________ «ciao» en español?
7. ¿Qué número de teléfono ________?
8. Hasta ________.

Verticales

1. ¿________ lenguas hablas?
2. Isabelle es ________, de París.

6 **Pregunta como en el modelo.**

El Sr. Oliva.

¿El señor Oliva, por favor?

1. El Sr. Oliva.
2. La Srta. Rubio.
3. La Sra. Martínez.
4. El Sr. Murillo.
5. La Srta. Castro.
6. El Sr. Lago.
7. La Sra. Navarro.

7 a) **Escucha y señala las frases que oigas.**

1. Es italiano. □
   ¿Es italiano? □
2. Es profesor de Física. □
   ¿Es profesor de Física? □
3. Vive en Argentina. □
   ¿Vive en Argentina? □
4. Estudia Medicina. □
   ¿Estudia Medicina? □
5. Trabaja en un restaurante. □
   ¿Trabaja en un restaurante? □

b) **Escribe una pregunta o una respuesta para cada una de las frases señaladas.**

1. ....
2. ....
3. ....
4. ....
5. ....

8 **Busca expresiones útiles en la lección 4 del libro del alumno y escríbelas en el recuadro.**

Lección 5

SOPA DE LETRAS.

1 **Busca el femenino de estas palabras:**

tío abuelo hijo padre marido sobrino nieto hermano

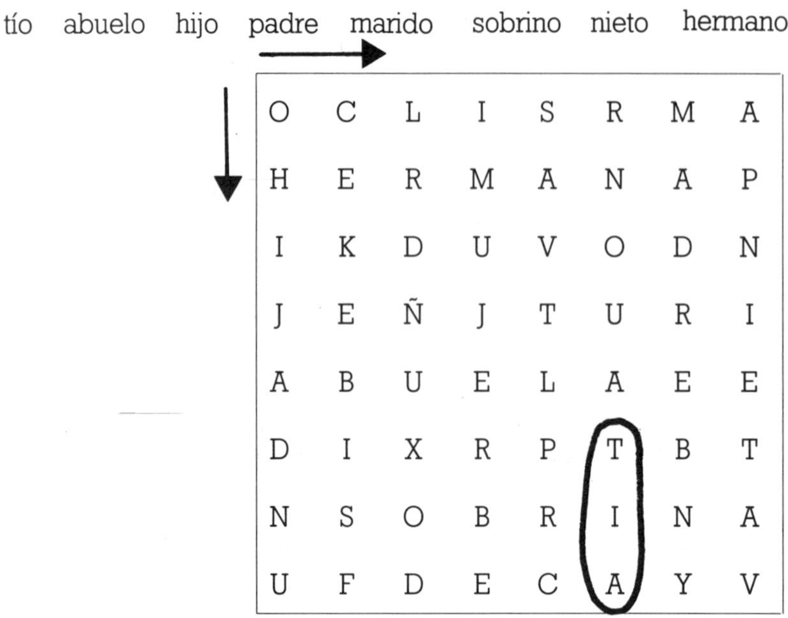

O	C	L	I	S	R	M	A
H	E	R	M	A	N	A	P
I	K	D	U	V	O	D	N
J	E	Ñ	J	T	U	R	I
A	B	U	E	L	A	E	E
D	I	X	R	P	T	B	T
N	S	O	B	R	I	N	A
U	F	D	E	C	A	Y	V

2 **¿Te acuerdas de la familia Chicote? Consulta la actividad 1 del libro del alumno y completa su árbol de familia con los nombres correspondientes.**

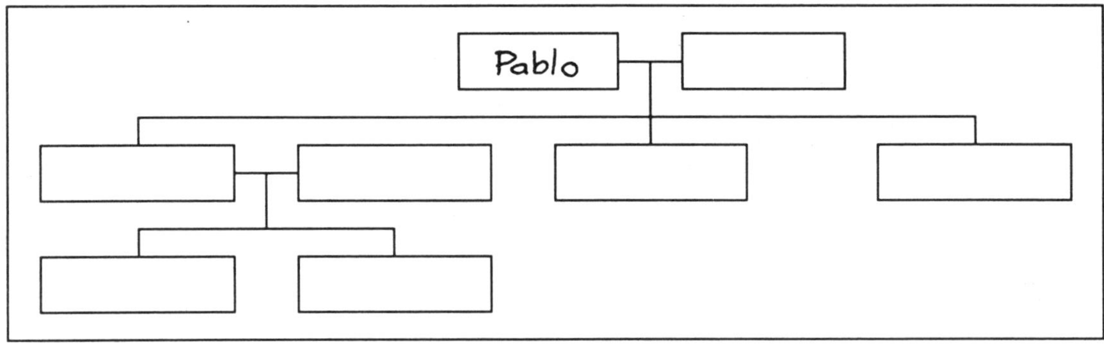

3 **Ahora dibuja tu propio árbol de familia.**

4 Lee esta noticia del periódico y escribe seis frases sobre Rodolfo.

> Agencia ELE
>
> Rodolfo Parra, médico chileno de 38 años, casado y padre de cuatro hijos, fue confundido y entrevistado ayer en el aeropuerto de Barajas por varios periodistas que esperaban la llegada del cantante Pacho Vega. Alto, moreno y de extraordinario parecido físico con el mencionado artista, Rodolfo respondió gustoso a todas las preguntas y confesó que ninguna de sus anteriores visitas a Madrid había despertado tanto interés.

1. Rodolfo es médico.
2. ....
3. ....
4. ....
5. ....
6. ....

5 Completa cada pregunta con una de estas palabras. Pon las mayúsculas necesarias.

dónde qué cómo quién cuántos

1. ¿A _______ te dedicas?
2. ¿_______ años tiene tu hijo?
3. ¿_______ vive tu hermana?
4. ¿_______ es éste?
5. ¿_______ se llama tu madre?
6. ¿_______ hijos tienes?
7. ¿A _______ se dedica tu padre?

5 Ahora empareja estas respuestas con las preguntas anteriores.

A. Veinticinco. 2
B. En Madrid. _______
C. Es ingeniero. _______
D. Dos, un hijo y una hija. _______
E. Mi hermano mayor. _______
F. Estudio Sociología. _______
G. Lucía. _______

6 ¿Singular o plural? Escribe cada una de estas palabras en la columna correspondiente.

hospital altas dependiente japonés tía bar calles delgado alemanas joven restaurantes hijos madre francés

SINGULAR	PLURAL
hospital	altas

Ahora escribe el singular y el plural de esas palabras.

	SINGULAR	PLURAL		SINGULAR	PLURAL
1.	hospital	hospitales	8.		
2.			9.		
3.			10.		
4.			11.		
5.			12.		
6.			13.		
7.			14.		

Lee estos diálogos y subraya la forma verbal que corresponda.

1. —¿Cuántos años **tiene/tienen** tu sobrina?
   • Cinco.
2. —¿**Está/Están** casadas tus hermanas?
   • La mayor, sí; la pequeña, no.
3. —Tus padres **es/son** bastante jóvenes, ¿no?
   • Bueno, **tiene/tienen** más de cincuenta años ya.
4. —¿Dónde **vive/viven** tus abuelos?
   • En Valencia.
5. — Tu hermano **habla/hablan** inglés y árabe, ¿verdad?
   • Sí, y sueco también.
6. —¿**Tienes/Tenéis** hijos?
   • Sí, tenemos una hija de dos años.
7. —¿**Trabaja/Trabajan** tus padres?
   • No, **está/están** jubilados.

ROMPECABEZAS

La última letra de una palabra es la primera de la siguiente.

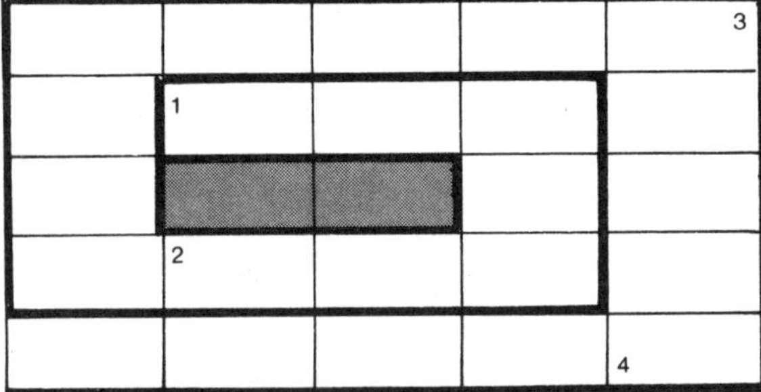

1. Lo contrario de «viejos».
2. Lo contrario de «antipática».
3. Lo contrario de «bajos».
4. Masculino de «seria».

Fíjate en estos dos modelos.

(Tú)
¿A qué te dedicas?
Rosa.
¿A qué se dedica Rosa?

Ahora haz tú las preguntas.

1. (Tú).
2. Rosa.
3. (Usted).
4. Tus padres.
5. (Ustedes).
6. Tu hermano.

DICTADO

Primero escucha cada frase y no escribas. Repite mentalmente lo que oigas. Luego escríbelo.

1. (3 palabras) ¿Quién es éste?
2. (4 palabras) ....
3. (3 palabras) ....
4. (4 palabras) ....
5. (6 palabras) ....
6. (4 palabras) ....

Busca en la lección 5 del libro del alumno palabras difíciles de pronunciar y escríbelas en el recuadro.

Ahora intenta pronunciarlas correctamente.

Lección 6

1 CRUCIGRAMA

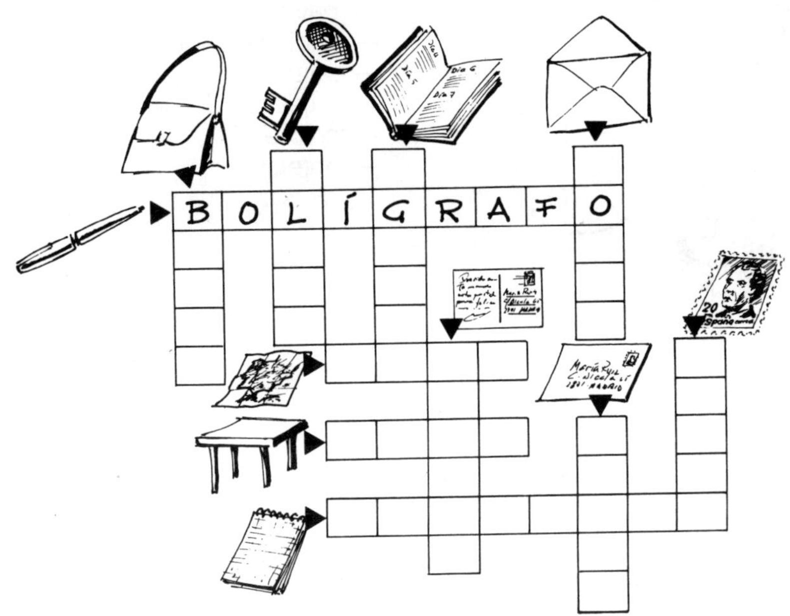

2 **Escribe las palabras que faltan.**

2345	ciento veintitrés
5678	dos mil trescientos cuarenta y cinco
123	tres mil cuatrocientos cincuenta y seis
3456	....
7890	....
6789	....
8950	....
4567	....

3 **Piensa en cuatro monedas o billetes de tu país y escribe de qué color son.**

1. Los billetes de .... son ....
2. ....
3. ....
4. ....

4 **Ordena las palabras de estas preguntas.**

1. ¿es la Cuál moneda Bélgica de?
   ....
2. ¿desea Qué?
   ....
3. ¿mapas Tienen?
   ....
4. ¿ése ver Puedo verde?
   ....
5. ¿bolso este cuesta Cuánto?
   ....

5 **Ahora empareja estas respuestas con las preguntas anteriores.**

A. Cuatro mil quinientas pesetas 5
B. El franco belga. ______
C. Sí. Mire, tenemos todos éstos. ______
D. Un bolígrafo azul. ______
E. ¿Éste? ______

ÁRBOL DE LETRAS

5 **Forma doce palabras con estas letras. Piensa en:**

N D J S I P A G B T C U Z L M E O R

— países
— nacionalidades
— nombres de parentesco
— adjetivos de descripción física
— colores
— objetos

1. ....
2. ....
3. ....
4. ....
5. ....
6. ....
7. ....
8. ....
9. ....
10. ....
11. ....
12. ....

6 **Pregunta el precio como el modelo.**

Bolígrafo.

¿Cuánto cuesta este bolígrafo?

1. Bolígrafo.
2. Cuaderno.
3. Postal.
4. Sobres.
5. Mapa.
6. Gafas.
7. Agenda.
8. Reloj.

7 **Escribe cuatro formas de averiguar el significado de una palabra o expresión que no conoces.**

1. Preguntar al profesor.
2. ....
3. ....
4. ....

Ahora mira las lecciones 1-6 del libro del alumno y escribe en el recuadro las palabras o expresiones que no recuerdes. Averigua su significado y escríbelo también.

Lección 7

1 BUSCA EL INTRUSO

famosa tranquila bonito playa pequeño
¿qué? ¿cuántos? abuela ¿cómo? ¿dónde?
hermana sobrino hija tío río
ingeniero puerto catedral parque museo
sobre serio cuaderno periódico agenda

Con las iniciales de los cinco «intrusos» se puede formar el nombre de la capital de un país europeo. ¿Sabes cuál es?

__ __ __ __ __

2 **¿«Es» o «está»? Busca cuatro errores y corrígelos.**

1. Mi sobrina pequeña es muy inteligente.
2. Soy de un pueblo que está muy famoso por sus fiestas.
3. —¿Quién está ese señor?
   - Un amigo de mi padre.
4. Mi pueblo es en la costa mediterránea, cerca de Valencia.
5. Salamanca es una ciudad antigua y muy bonita.
6. —Esa chica es la hermana de Eva, ¿verdad?
   - Sí.
7. —¿A qué se dedica Marta?
   - Está enfermera.

3 **Completa con «en» o «de».**

1. Zaragoza está bastante lejos _de_ Barcelona, a 300 kilómetros.
2. Santander está _en_ el Norte de España, ¿no?
3. Managua es la capital _de_ Nicaragua.
4. ¿Granada está _en_ Andalucía?
5. Toledo está al Sur _de_ Madrid, a unos 80 kilómetros.
6. Salamanca está muy cerca _en_ Portugal, ¿verdad?
7. Tú no eres _de_ Sevilla, ¿verdad?
8. ¿El Museo del Prado está _en_ Madrid o _en_ Barcelona?
9. Es una ciudad muy bonita que está _en_ la costa y tiene una playa preciosa.
10. ¿Dónde están las Islas Canarias? ¿_En_ el Mediterráneo o _en_ el Atlántico?

4 **Escribe con números las poblaciones de las seis ciudades españolas más grandes*.**

1. Madrid tiene tres millones ciento ocho mil cuatrocientos sesenta y tres habitantes.
   Madrid: 3.108.463
2. Barcelona tiene un millón setecientos doce mil trescientos cincuenta habitantes.
   1.712.350
3. Valencia tiene setecientos cuarenta y nueve mil quinientos setenta y cuatro habitantes.
   749.574
4. Sevilla tiene seiscientos sesenta y nueve mil novecientos setenta y seis habitantes.
   ....
5. Zaragoza tiene quinientos ochenta y seis mil quinientos setenta y cuatro habitantes.
   ....
6. Málaga tiene quinientos cincuenta y cinco mil quinientos dieciocho habitantes.
   ....

* Fuente: Anuario EL PAÍS, 1991.

5 **Escribe sobre un pueblo o una ciudad que te guste mucho. Puedes usar el diccionario.**

....
....
....
....

6 **Dilo como en el modelo.**

Ciudad/pequeña.

Es una ciudad muy pequeña, ¿verdad?

1. Ciudad/pequeña.
2. Playa/bonita.
3. Museo/moderno.
4. Río/famoso.
5. Catedral/antigua.
6. Parque/tranquilo.

7 **Piensa en tres palabras o expresiones que dices mucho en tu lengua y no conoces en español. Averigua cómo se dicen y escríbelas.**

Lección 8

SOPA DE LETRAS

1 **Busca los nombres de seis muebles más.**

S	U	B	E	S	I	L	L	A	D
I	C	T	R	O	V	E	K	H	E
L	P	E	V	F	A	Z	U	C	I
L	A	R	M	A	R	I	O	Ñ	C
O	X	A	B	F	A	G	L	E	A
N	U	R	O	P	Y	B	U	L	M
E	S	T	A	N	T	E	R	I	A
Q	I	L	H	U	S	F	Ü	P	G
O	R	M	E	S	I	L	L	A	Y

2 **¿En qué habitación?**

Escribe estas palabras y las del ejercicio 1 en la columna correspondiente. Algunas pueden ir en varias columnas.

lavadora *lavabo* *cocina de gas* *televisión*
ducha *frigorífico* *bañera*

COCINA	DORMITORIO	BAÑO	SALÓN
lavadora	cama		

3 **Busca ocho parejas de contrarios. Sobran cuatro palabras.**

interior pequeña nueva tranquila feo moderna inteligente grande antigua
ancha barato delgado caro famosa bonito vieja estrecha gracioso
exterior gordo

1. interior ≠ exterior
2. ....
3. ....
4. ....
5. ....
6. ....
7. ....
8. ....

4 **Completa con «es», «tiene» o «da». Usa letras mayúsculas cuando sea necesario.**

«Mi piso ______ bastante grande. ______ cuatro habitaciones, salón, cocina y baño. También ______ dos terrazas, pero muy pequeñas. ______ bastante antiguo y muy bonito. Además, ______ a una plaza muy tranquila y ______ mucha luz. Lo malo es que ______ un cuarto piso y no ______ ascensor.»

5 **Piensa en tu casa ideal y escribe sobre ella.**

....

6 **Añade las vocales necesarias y escribe las palabras (están todas en la actividad 8 del libro del alumno).**

1. ntr ....
2. zqrd ....
3. dtrs ....
4. dbj ....
5. n ....
6. dlnt ....
7. ncm ....
8. drch ....

7 a) **Mira este dibujo de la familia Paredes en el campo. Luego lee las frases y señala si son verdaderas o falsas.**

	V	F
1. La madre está entre el padre y el abuelo.		
2. El perro y el niño están a la derecha del árbol.		
3. La abuela está detrás del abuelo.		
4. El niño está al lado del árbol.		
5. El perro está debajo del periódico.		
6. La niña está a la izquierda del balón.		

b) **Sustituye las tres frases que son falsas por otras tres verdaderas.**

....

....

....

8 **Busca las cinco diferencias y escríbelas.**

1. El niño está al lado del sofá. El niño está al lado de la mesa.
2. ....
3. ....
4. ....
5. ....

9 **Pregunta como en el modelo.**

Calefacción.

¿Tiene calefacción tu piso?

1. Calefacción.
2. Aire acondicionado.
3. Teléfono.
4. Ascensor.
5. Terraza.

10 **Dilo como en el modelo.**

Bolso / al lado / sofá.

El bolso está al lado del sofá.

1. Bolso / al lado / sofá.
2. Gafas / encima / televisión.
3. Teléfono / izquierda / puerta.
4. Llaves / en / bolso.
5. Sellos / debajo / sobres.
6. Periódico / en / suelo.

Lección 9

1 **Añade las consonantes necesarias para formar nombres de lugares públicos.**

1. __u__eo ....
2. __a__ __a__ia ....
3. e__ __a__ió__ __e __e__ __o ....
4. a__a__ __a__ie__ __o ....
5. __a__a__a __e au__o__ú__ ....
6. __a__é ....
7. e__ __a__ __o ....
8. __i__e ....

2 **Completa con «hay» o «está».**

1. —¿La calle Olivar ______ por aquí?
   - Sí, es la segunda a la derecha.
2. —Oiga, perdone, ¿______ un estanco por aquí cerca?
   - Sí, ______ uno al final de esta calle, a la izquierda.
3. —Perdona, ¿sabes dónde ______ el Cine Avenida?
   - Sí, mira, detrás de ese supermercado.
4. —¿Sabe si ______ una farmacia por aquí cerca?
   - Sí, en esta misma calle, a unos cinco minutos.
5. —Oye, perdona, el Museo Románico ______ cerca de aquí, ¿verdad?
   - Sí, en la calle siguiente.
6. —Oiga, perdone, ¿sabe dónde ______ la plaza de la Cebada?
   - Lo siento, pero no soy de aquí.

3 **A todas estas frases les falta «el», «la», «un», «uno» o «una». Complétalas.**

1. ¿Calle de Atocha, por favor?
   ....
2. —¿Sabes dónde hay estanco?
   - Sí, mira, hay enfrente de ese quiosco.

   —..
   - ....
3. Banco Exterior está por aquí, ¿verdad?
   ....
4. —Oye, perdona, ¿sabes dónde hay parada de autobús?
   - Sí, en la siguiente calle hay.

   ....
   ....
5. ¿Plaza Real está por aquí?
   ....
6. Perdone, ¿sabe dónde está Teatro Romea?
   ....
7. Perdona, ¿Café Central está por aquí?
   ....
8. —Oiga, perdone, ¿hay aparcamiento por aquí cerca?
   - Sí, hay en esta misma calle, un poco más adelante.

   —..
   - ....

4 **¿«Tú» o «usted»?**

a)

1. Cruce la plaza de los Claveles. ....
2. Sigue todo recto. ....
3. Coja la primera a la derecha. ....
4. Oye, perdona, ¿el paseo Rosales está por aquí? ....
5. Gire la segunda a la izquierda. ....
6. ¿Sabe dónde hay una cabina de teléfono? ....

b) **Completa las dos columnas.**

Tú	Usted
Cruca la plaza de los...	Cruce la plaza de los Claveles.
Sigue todo recto.	Siga todo recto
Coge la primera a la derecha	Coja la primera a la derecha.
Oye, perdona, ¿el paseo Rosales está por aquí?	Oiga, perdona, ¿el paseo Rosales está por aquí?
Gira la segunda a la izq.	Gire la segunda a la izquierda.
....	¿Sabe dónde hay una cabina de teléfono?

5 **Mira el plano y escribe las instrucciones para llegar a los sitios por los que preguntan.**

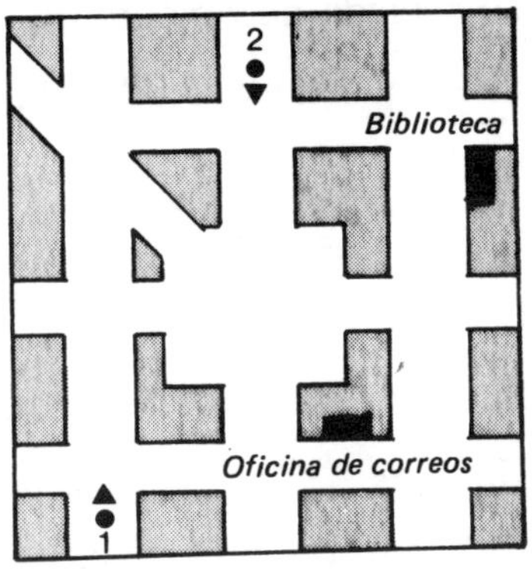

1\.
—Perdona, ¿sabes dónde está la Biblioteca Municipal?
- ....

2\.
—Oiga, perdone, ¿sabe si hay una oficina de Correos por aquí cerca?
- ....

6 **¿Puedes formar seis horas con los números 1, 5 y 3? Escríbelas.**

1.53	Las dos menos siete minutos.
....	....
....	....
....	....
....	....
....	....

7 **Relaciona los diálogos con los dibujos.**

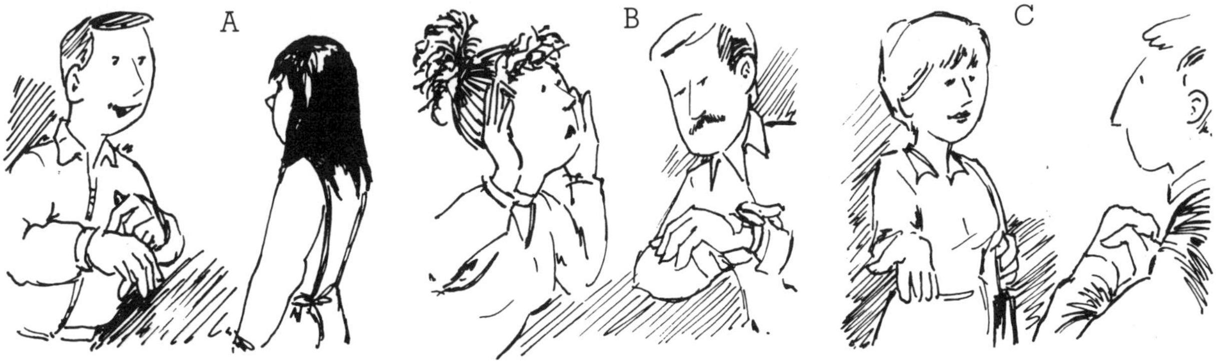

A B C

1. —Perdona, ¿tienes hora?
   - Sí, son las cuatro y diez.
   —Gracias.
2. —Perdone, ¿tiene hora?
   - No, no llevo reloj. Lo siento.
3. —¿Qué hora es?
   - Las doce y media.
   —¡Qué tarde!

1\. ....

2\. ....

3\. ....

Ahora escucha y comprueba.

¿VERDADERO O FALSO? Señálalo.

a)

	V	F
1. Una semana tiene siete días.		
2. Hoy es martes.		
3. Mañana es jueves.		
4. Una hora tiene sesenta segundos.		
5. Un día tiene mil cuatrocientos cuarenta minutos.		
6. Una semana tiene ciento sesenta y ocho horas.		
7. El miércoles es un día del fin de semana.		

b) **Sustituye las frases que son falsas por otras verdaderas.**

Fíjate en estos dos modelos.

a) Un supermercado.

Oiga, perdone, ¿hay un supermercado por aquí cerca?

La avenida de América.
Oiga, perdone, ¿la avenida de América está por aquí?

b) **Ahora pregunta tú.**

1. Un supermercado.
2. La avenida de América.
3. El Parque de la Ciudadela.
4. Un hotel.
5. Un restaurante.
6. El Museo del Prado.
7. El Banco Hispanoamericano.
8. Un cine.
9. El Teatro de la Comedia.
10. Una farmacia.

Fíjate en estos dos modelos.

a) Abrir / los supermercados.

¿A qué hora abren los supermercados?
Cerrar / los bancos.
¿A qué hora cierran los bancos?

b) **Ahora pregunta tú.**

1. Abrir / los supermercados.
2. Cerrar / los bancos.
3. Abrir / las tiendas.
4. Cerrar / los grandes almacenes.
5. Abrir / las oficinas de Correos.
6. Cerrar / los restaurantes.

11 **Escribe en el recuadro las palabras o expresiones de esta lección que te parecen más útiles.**

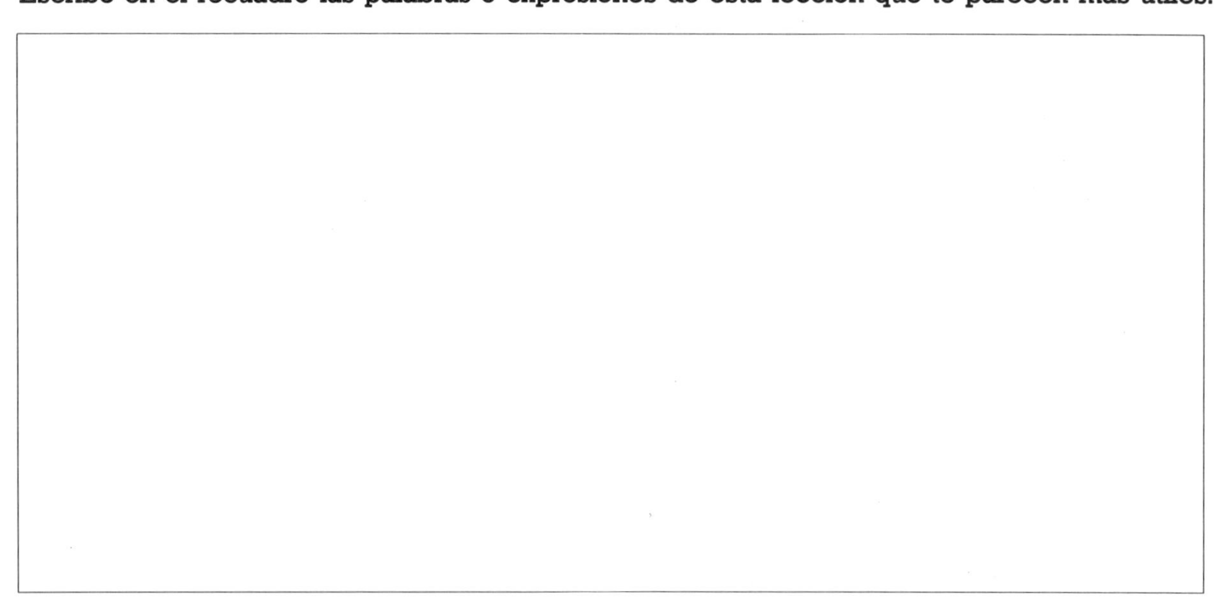

Lección 10

SOPA DE LETRAS

1 **Busca otras siete palabras relacionadas con el tiempo libre.**

S	R	O	L	E	E	R	P	Y
M	A	Q	E	S	G	Y	A	L
E	F	L	B	Ñ	U	O	M	X
A	V	U	I	C	A	P	U	F
T	E	A	T	R	O	H	S	O
E	K	E	I	B	N	V	I	Q
N	U	X	G	C	O	J	C	U
I	T	O	B	A	I	L	A	R
S	H	Ñ	E	P	C	I	N	E

2 **¿«Gusta» o «gustan»?**

1. ¿Te ________ tu trabajo?
2. ¿Te ________ salir los domingos por la tarde?
3. ¿Te ________ las novelas policíacas?
4. ¿Te ________ esta ciudad?
5. ¿Te ________ jugar al tenis?
6. ¿Te ________ las películas de ciencia-ficción?
7. ¿Te ________ los coches?
8. ¿Te ________ bailar salsa?
9. ¿Te ________ las clases de español?
10. ¿Qué tipo de música te ________?
11. ¿Te ________ trabajar con música?

3 **Usa la información de las fichas y completa los diálogos.**

NOMBRE: Óscar
LE GUSTA: el rock, ver la televisión, el cine, el tenis.
NO LE GUSTA: leer, el teatro.

NOMBRE: Marta
LE GUSTA: leer, el cine, el rock.
NO LE GUSTA: ver la televisión, el teatro, el tenis.

NOMBRE: Rosa
LE GUSTA: leer, el cine, el teatro.
NO LE GUSTA: el rock, el tenis, ver la televisión.

Marta: ¿Te gusta ver la televisión?
Óscar: Sí, ¿y a ti?
Marta: A mí no.

Rosa: ¿Te gusta el cine?
Marta: ....
Rosa: ....

Rosa: ¿Te gusta leer?
Óscar: ....
Rosa: ....

Marta: ¿Te gusta el tenis?
Rosa: ....
Marta: ....

Óscar: ¿Te gusta el rock?
Rosa: ....
Óscar: ....

Óscar: ¿Te gusta el teatro?
Marta: ....
Óscar: ....

Ordena estas frases.

1. ¿al jugar gusta tenis Te?
   ¿Te gusta jugar al tenis?
2. nada nos esquiar No gusta.
   ....
3. ¿la pop Os música gusta?
   ....
4. nos A los encantan gatos nosotros.
   ....
5. me no el A rock mí nada gusta.
   ....
6. padres bailar mis encanta les A.
   ....
7. ¿clásica gusta Le música la?
   ....
8. gusta mi televisión le abuelo mucho A la.

Piensa en algunos familiares o conocidos que tienen gustos diferentes a los tuyos y escribe sobre esos gustos.

A mi primo Paco le gusta mucho la televisión pero a mí no me gusta nada.

....

....

....

....

Lee este anuncio.

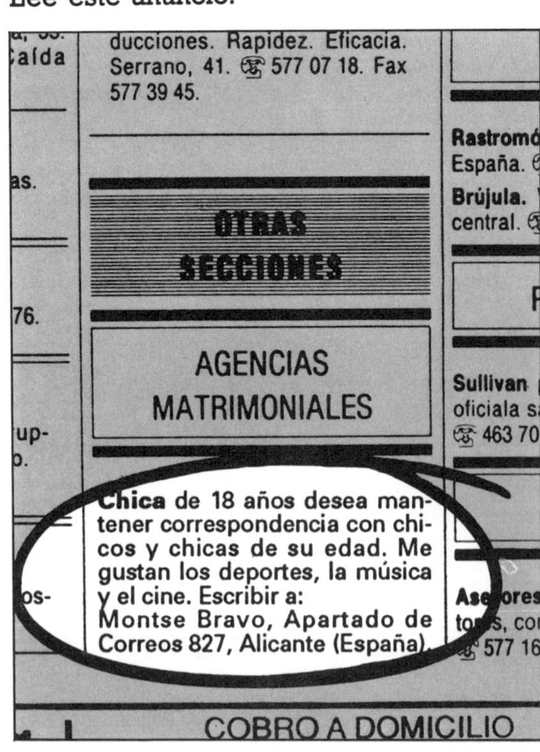

Ahora escribe una carta a Montse. Háblale de ti y de:

— lo que haces.
— tu familia.
— donde vives.
— lo que te gusta hacer.

Pregunta como en el modelo.

El cine / el teatro.

¿Qué te gusta más, el cine o el teatro?

1. El cine / el teatro.
2. El español / el inglés.
3. Leer periódicos / revistas.
4. El tenis / el esquí.
5. Escuchar cintas de música / de español.
6. Leer / ver la televisión.

Dilo como en el modelo.

A Pepe / (gustar) mucho / las películas francesas.

A Pepe le gustan mucho las películas francesas.

1. A Pepe / (gustar) mucho / las películas francesas.
2. A nosotros / no (gustar) nada / los ordenadores.
3. A Irene / (encantar) / las discotecas.
4. A Susana y a Enrique / no (gustar) / el flamenco.
5. A Pilar / no (gustar) nada / las novelas policíacas.
6. A Pedro y a Juliana / (encantar) / ir a su pueblo.

Piensa en otras actividades de tiempo libre que te gustan y no han aparecido en la lección. Averigua cómo se dicen en español y escribe frases con ellas.

Me gusta mucho...

Lección 11

1 **Añade las vocales necesarias y escribe los infinitivos de diez verbos.**

1. cmr ....
2. vlvr ....
3. mpzr ....
4. r ....
5. lvntrs ....
6. dsynr ....
7. cnr ....
8. cstrs ....
9. trmnr ....
10. trbjr ....

2 **Piensa en el presente de los verbos de la actividad anterior y completa las dos columnas.**

Regulares	Irregulares
comer	Volver

3 **A todas estas frases les falta una palabra. Escríbelas correctamente.**

1. ¿A qué hora levantas? ....
2. ¿Desayunas casa? ....
3. ¿Trabajas cerca casa? ....
4. ¿A qué hora empiezas trabajar? ....
5. ¿Trabajas la tarde? ....
6. ¿Acuestas muy tarde? ....
7. ¿A qué hora terminas trabajar? ....

4 **Completa este texto.**

Elisa es enfermera, ________ en un hospital. ________ levanta a las siete menos cuarto y empieza ________ trabajar a las ocho. Todos los días ________ a la una y media en el restaurante del hospital con algunos compañeros de trabajo. ________ de trabajar a las cinco en punto y después ________ a clase de inglés. Luego ________ a casa y ________ con su familia. Normalmente se ________ bastante pronto, sobre las once.

5 **Lee las respuestas de Elisa y completa la entrevista.**

Tú: ¿A qué te dedicas?

Elisa: Trabajo en un hospital, soy enfermera.

Tú: ....

Elisa: A las 6.45 de la mañana.

Tú: ....

Elisa: A las 8 h.

Tú: ....

Elisa: En el restaurante del hospital.

Tú: ....

Elisa: A las 5 de la tarde.

Tú: ....

Elisa: Voy a clase de inglés.

Tú: ....

Elisa: En casa.

Tú: ....

Elisa: No, sobre las 11 de la noche.

6 **Pregunta como en el modelo.**

Hora / empezar a trabajar.

¿A qué hora empiezas a trabajar?

1. Hora / empezar a trabajar.
2. Hora / levantarse.
3. Hora / cenar.
4. Hora / terminar de trabajar.
5. Hora / acostarse.
6. Hora / comer.

DICTADO

7 **Primero escucha cada frase y no escribas. Repite mentalmente lo que oigas. Luego escríbelo.**

1. (3 palabras) ....
2. (7 palabras) ....
3. (4 palabras) ....
4. (6 palabras) ....
5. (4 palabras) ....
6. (5 palabras) ....

8 **¿Tienes dificultades para memorizar algunas palabras o expresiones? Escríbelas en el recuadro.**

Lección 12

1 **¿Puedes formar doce expresiones con elementos de las tres columnas? Escríbelas.**

hacer escuchar jugar ver comer ir	la al de ∅	campo tenis compras televisión copas limpieza fútbol compra deporte cine radio fuera

1. Hacer la limpieza.
2. ....
3. ....
4. ....
5. ....
6. ....
7. ....
8. ....
9. ....
10. ....
11. ....
12. ....

2 **Agrupa estas palabras y expresiones en la columna correspondiente.**

viernes, comer, nunca, esquiar, acostarse, domingo, a veces, desayunar, pasear, normalmente, jueves, ir a conciertos, a menudo, cenar, lunes, ir al teatro, siempre, ver exposiciones, levantarse, miércoles

Actividades de tiempo libre	Días de la semana	Cosas que hacemos todos los días	Adverbios de frecuencia
esquiar	....	....	....
....	....	....	....
....	....	....	....
....	....	....	....
....	....	....	....

3 **Completa el texto con las palabras de la lista. Puedes usar el diccionario.**

Pili y Manolo,
maestra y abogado.
28 y 30 años.

"Pues el domingo es un día muy tranquilo. Normalmente nos levantamos bastante tarde. Después salimos a comprar el periódico y nos damos una vuelta o vamos a ver alguna ________. Siempre ________ el vermú fuera y luego comemos en algún ________ ________ o con nuestras familias. Por la tarde siempre nos quedamos en casa y escuchamos ________ o vemos alguna película en el ________ o en la televisión. A veces vienen algunos amigos nuestros a pasar la tarde con nosotros, pero no ________ ________ nunca, pues no nos gusta nada el ambiente de los domingos por la tarde".

música
salimos
vídeo
exposición
tomamos
restaurante

Ahora busca en el texto las palabras o expresiones que significan:

— beber ....
— pasear ....
— aperitivo ....

4 Escribe siete cosas que hacen Pili y Manolo los domingos.

1. Se levantan bastante tarde.
2. ...
3. ...
4. ...
5. ...
6. ...
7. ...

5 A todas estas frases les falta una preposición: «a», «en», «de» o «por». Escríbelas correctamente.

1. Tú vas muchos conciertos, ¿verdad?
2. ¿Qué haces los sábados la tarde?
3. ¿A qué hora vuelves casa normalmente?
4. Tú te quedas Madrid muchos fines de semana, ¿no?
5. Mi hermana pequeña va mucho bailar.
6. Normalmente salgo casa bastante pronto.
7. ¡Mi marido se levanta a las seis la mañana todos los días!

6 Usa estas pautas y añade las palabras necesarias para escribir frases.

1. ¿Acostarse (vosotros) / muy tarde / domingos?
   ¿Os acostáis muy tarde los domingos?
2. Sábados / levantarse (nosotros) / bastante tarde.
3. ¿Ver (vosotros) / mucho / televisión?
4. ¿Gustar (a vosotros) / montar / bicicleta?
5. ¿Cuándo / hacer (vosotros) / compra?
6. Mis padres / levantarse / bastante pronto.
7. ¿Trabajar (ustedes) / fines / semana?
8. Ana y Pepe / hacer / mucho deporte / fines / semana.
9. ¿Gustar (a ustedes) / esquiar?
10. ¿Salir (vosotros) / mucho?

7 Dilo como en el modelo.

Todos los sábados / cenar fuera.

Todos los sábados cenamos fuera.

1. Todos los sábados / cenar fuera.
2. A veces / ir al teatro.
3. Todos los domingos / comer en casa.
4. Nunca / ir al cine.
5. Jugar al fútbol / a menudo.
6. Todos los fines de semana / hacer deporte.
7. Nunca / jugar al tenis.
8. Siempre / acostarse tarde.

8 Escribe en el recuadro el presente de los verbos que te parezcan más difíciles.

9 Piensa en cosas que haces los fines de semana y que no aparecen en la lección 12 del libro del alumno. Escríbelas.

Lección 13

ÁRBOL DE LETRAS

1 **¿Puedes formar los nombres de seis profesiones y de cinco medios de transporte?**

X
O T U R
C A V
U I S E
D F N
M O R
A T
P

Profesiones

1. ....
2. ....
3. ....
4. ....
5. ....
6. ....

Medios de transporte

1. ....
2. ....
3. ....
4. ....
5. ....

2 **Piensa en lugares de trabajo relacionados con las profesiones que has escrito. Luego escribe frases como en el modelo. Puedes usar el diccionario.**

1. Un camarero trabaja en un bar o en un restaurante.
2. ....
3. ....
4. ....
5. ....
6. ....

CUESTIÓN DE LÓGICA

3 **Lee las claves y completa el cuadro.**

1. La peluquera va a trabajar en Metro.
2. Helena trabaja en una escuela.
3. La azafata no va a trabajar en autobús.
4. Begoña trabaja en una peluquería.
5. Lola no es maestra.
6. Una de las tres trabaja en un avión.
7. Helena no va al trabajo en coche.

NOMBRE	PROFESIÓN	LUGAR DE TRABAJO	MEDIO DE TRANSPORTE

4 **Usa la información sobre Mario y escribe frases indicando con qué frecuencia hace esas cosas.**

1. Ir a clase de inglés (martes y jueves).
   Va a clase de inglés dos días a la semana.
2. Visitar a su familia (los sábados).
   ....
3. Hacer gimnasia (a las 8 y a las 23 h.).
   ....
4. Hacer los deberes (lunes, martes, miércoles, jueves y viernes).
   ....
5. Cambiar de trabajo (1988, 1990, 1992...).
   ....
6. Ir al cine (miércoles y sábado).
   ....
7. Coger vacaciones (julio).
   ....

5 **Lee estos textos y adivina la profesión de cada una de las tres chicas.**

cantante	profesora de universidad	
dependienta	médica	maestra
escritora	ama de casa	taxista

1. Juana empieza a trabajar a las 9 h. y termina a las 17 h. Los fines de semana no trabaja. Siempre come en su trabajo y en verano tiene más de dos meses de vacaciones. Tiene un trabajo muy interesante y muy útil para la sociedad. Le gustan mucho los niños.

2. Ángela trabaja de 9.30 a 14 h. y de 16.30 a 20 h. Sólo tiene un día libre a la semana, el domingo. Tiene un mes de vacaciones al año. Es muy moderna y muy simpática. Le gusta mucho hablar con la gente.

3. Nuria trabaja en casa. No tiene un horario fijo y muchos días trabaja por la noche. En algunas épocas trabaja mucho y en otras, nada. Lo que más le gusta de su trabajo es que no tiene jefe. ¡Ah! Su trabajo es muy intelectual.

1. Juana es ....
2. ....
3. ....

6 **Escribe en el recuadro los nombres de dos profesiones que te gustan mucho y los de otras dos que no te gustan nada. Puedes mirar el diccionario.**

7 **Pregunta como en el modelo.**

¿Horas / trabajar / día?

¿Cuántas horas trabajas al día?

1. ¿Horas / trabajar / día?
2. ¿Horas / trabajar / semana?
3. ¿Días libres / tener / semana?
4. ¿Vacaciones / tener / año?

DICTADO

8 **Primero escucha cada frase y no escribas. Repite mentalmente lo que oigas. Luego escríbelo.**

1. (5 palabras) ....
2. (5 palabras) ....
3. (10 palabras) ....
4. (5 palabras) ....
5. (4 palabras) ....
6. (2 palabras) ....

Lección 14

1 BUSCA EL INTRUSO

preocupado cansada roja triste nervioso
sed frío miedo calor entre
tarde dedo cabeza pie boca
gripe resfriado mano tos fiebre
aspirina masaje leche otra manzanilla

Ordena las iniciales de los «intrusos» y forma el nombre de un medio de transporte. ¿Sabes cuál es?

__ __ __ __ __

2 **A todas estas frases se les puede añadir «muy» o «mucho».**

1. Tu profesora es joven, ¿verdad?

   Tu profesora es muy joven, ¿verdad?
2. ¿Tienes frío?

   ....
3. Hoy estás contenta, ¿no?

   ....
4. ¿Te duele?

   ....
5. A mi padre le gusta el rock.

   ....
6. Pues yo soy de un pueblo pequeño.

   ....
7. Tu hermano es simpático, ¿eh?

   ....
8. ¿Estudias?

   ....
9. Me duele este pie.

   ....
10. Dice que tiene calor y que le duele bastante la cabeza.

   ....

3 **Usa las pautas y escribe las respuestas.**

1. ¿Qué te pasa?

   Me duelen los oídos. (OÍDOS)
2. ¿Qué te pasa?

   .... (ESTÓMAGO)
3. ¿Qué te pasa?

   .... (RESFRIADO)
4. ¿Qué te pasa?

   .... (FIEBRE)
5. ¿Qué te pasa?

   .... (OJOS)
6. ¿Qué te pasa?

   .... (GRIPE)

4 **Forma cuatro diálogos. Utiliza una frase de cada columna.**

— ¡Tengo treinta y ocho de fiebre!	• ¿Y por qué no te vas a la cama?	— Es que no me gusta el coñac.
— Tengo un dolor horrible en la espalda...	• ¿Quieres un calmante?	— Sí, si sigo así...
— Me duelen muchísimo las muelas.	• ¿Te doy un masaje?	— ¡Ay, sí!, por favor.
— Estoy resfriado.	• ¿Por qué no te tomas un vaso de leche con coñac?	— ¿Un calmante? Es que prefiero no tomar nada...

5 **Completa estos diálogos con las formas adecuadas de los verbos «venir», «empezar», «tener», «querer» y «preferir».**

1. — ¿Cómo ________ (vosotros) a clase?
   • Andando.
2. — ¿A qué hora ________ (tú) a trabajar?
   • A las siete de la mañana.
3. — ¿Vosotros también ________ un mes de vacaciones?
   • No, ________ (nosotros) dos.
4. — ¿________ (usted) una aspirina?
   • Es que ________ (yo) no tomar nada.

6 Busca en este anuncio las palabras o expresiones que significan:

— pronto ....

— hace deporte ....

— al día ....

¿Hay alguna otra palabra que no entiendes? Averigua cómo se dice en tu lengua y escríbelo en el recuadro.

Vuelve a leer el anuncio. ¿Qué cosas haces tú también? ¿Y cuáles no? Escríbelo; empieza las frases así:

Yo también ...
Yo no ...
Yo tampoco ...
Yo sí ...

(Yo también me levanto temprano.)

(Yo no me levanto temprano.)

7 En este chiste hay dos palabras en inglés. ¿Sabes cuáles son?

Averigua qué significa «mitigar». ¿Entiendes ahora el chiste?

 8 **Fíjate en estos dos modelos.**

Hambre.

¡Qué hambre tengo!

Cansada.

¡Qué cansada estoy!

Ahora dilo tú.

1. Hambre.
2. Cansada.
3. Frío.
4. Sed.
5. Contenta.
6. Nervioso.
7. Calor.

 9 **Dilo como en el modelo.**

Mucho / el estómago.

Me duele mucho el estómago.

1. Mucho / el estómago.
2. Un poco / esta mano.
3. Un poco / las piernas.
4. Mucho / la cabeza.
5. Muchísimo / este brazo.
6. Un poco / los ojos.
7. Muchísimo / los oídos.

 **Piensa en tres enfermedades que no sabes cómo se dicen en español. Averígualo y escríbelas.**

Lección 15

1 A todas estas frases, que normalmente decimos por teléfono, les sobra una palabra. Escríbelas correctamente.

1. Sí, yo soy yo.
   ....
2. Un momento, luego ahora se pone.
   ....
3. ¿De parte de quién está?
   ....
4. En este momento no puede ahora ponerse.
   ....
5. No, no es aquí. Se equivoca otro.
   ....
6. ¿Está quién Rosa?
   ....
7. No, no está. Volverá antes más tarde.
   ....

2 Mira la cartelera y completa el cuadro.

GALERÍAS

Horario: todos los días laborables, de 11 a 14 y de 17.30 a 20.30 h., excepto lunes por la mañana. Consultar los posibes cambios de horario. Entrada gratuita.

■ **AELE.** Claudio Coello, 28 (entrada pasaje Puigcerdá, 2). Tel. 575 66 79. **Rinaldo Paluzzi.**

■ **AFINSA.** Lagasca, 18. Tel. 578 04 44. **Keneth Noland.**

■ **AFINSA-ALMIRANTE.** Almirante, 5. Tel. 532 74 74. **Kenneth Noland.**

■ **ALBATROS.** Serrano, 6. Tel. 577 54 12. **Carlos Pascual.**

■ **ALCOLEA.** Claudio Coello, 30. Tel. 435 23 47. **Aguilar Moré.**

■ **ALFAMA.** Serrano, 7. Tel. 576 00 88. **Séptima cita con el dibujo.**

■ **ANGEL ROMERO.** San Pedro, 5. Tel. 429 32 08. **Manuel Rufo.** La aventura de un fotógrafo.

■ **ANSELMO ÁLVAREZ.** Conde de Aranda, 4. Tel. 431 55 95. **Donald Lipski.**

■ **ANSORENA GALERÍA DE ARTE.** Alcalá 54. Tels. 531 63 53, 532 85 15-16. **Refino.**

48

RESTAURANTES

LA TOJA. Siete de Julio, 3. Tel. 266 30 34. **Cocina gallega.** Horario: 13 a 16 y 20 a 24 h. Cierra julio. TC: V., A.E., D. **Precio medio: 4.000 ptas.**

LA TRAINERA. Lagasca, 60. Tel. 576 80 35. **Marisco y pescado.** Horario: 13 a 16 y 20 a 24 h. Cierra domingos y agosto. Aparcacoches. TC: V., M.C., E.C. **Precio medio: 5.000 ptas.**

LA TRAIÑA. Paseo de la Castellana, 166. Tel. 457 20 85. **Cocina andaluza.** Horario: 13 a 16 y 21 a 24 h. Cierra domingos, festivos y agosto. Aparcacoches. TC: V., A.E., D., M.C., E.C. **Precio medio: 4.000 ptas.**

LA TROVATA. Jorge Juan, 29. Teléfono: 578 06 24. **Restaurante Italiano.** Abierto todos los días incluidos los domingos. **Precio medio: 2.500-3.000 ptas.**

LA TRUCHA. Núñez de Arce, 6. Tel. 532 08 82. **Cocina española.** Horario: 12.30 a 16 y 19.30 a 24 h. Cierra domingos y julio. No admite tarjetas. **Precio medio: 3.000 ptas.**

LA VACA VERÓNICA. Verónica, 4. Tel. 429 78 27. **Cocina tradicional.** Horario: 14 a 16 y 21 a 24 h. Cierra domingos, sábados al mediodía y agosto. TC: V., A.E., M.C., E.C. **Precio medio: 2.500 ptas.**

LA VILLA. Leizarán, 19 (junto a Serrano). Tels. 563 55 99, 458 74 74. **Cocina vasco-francesa.** Horario: 13.30 a 16 y 21 a 24 h. Cierra domingos, festivos, sábados mañana y agosto. TC: V., A.E. **Precio medio: 3.500 ptas.**

POP-ROCK

Viernes, día 5

■ **GABINETE CALIGARI + AVIATEI.** Ciclo *Música en Las Ventas.* A las 21.30 h. Precio: 1.200 (anticipada: Discoplay) y 1.500 pesetas (taquilla).
Plaza de Toros de Las Ventas.

■ **ESTRAGOS.** A las 22 h.
Siroco. San Dimas, 3. Teléfonos: 532 13 57 y 448 58 02.

Sábado, día 6

■ **AFRO-BRASS.** Caliente. A las 22 h.
Siroco. San Dimas, 3. Teléfonos: 532 13 57 y 448 58 02.

Domingo, día 7

■ **DEVO.** A las 22.30 h. Precios: 1.800 y 2.000 pesetas.
Universal Sur. Parque Comercial Parquesur de Leganés. Teléfono: 686 57 11.

14

CINE

AMANTES. 1990. España. Director: Vicente Aranda. Intérpretes: Victoria Abril, Jorge Sanz, Maribel Verdú. Paco decide quedarse en Madrid al acabar la mili. Se aloja en casa de Luisa, una joven viuda, y pasa de huésped a amante. Trini, su novia, le espera en el pueblo. Mayores de 18 años.
MULTICINES IDEAL (Madrugada). Hasta el jueves, día 22: **MINICINES.**

SEMILLA DE CRISANTEMO (Ju Dou). 1990. China. **Drama.** Director: Zhang Yimou. Intérpretes: Gong Li, Li Bao-Tia y Li Wee. Historia de una joven campesina maltratada por su esposo que se enamora de su joven sobrino.
RENOIR-4 Caminos (V.O.S.).

REMANDO AL VIENTO. 1987. España. **Drama.** Director: Gonzalo Suárez. Intérpretes: Hugh Grant, Lizzy McInnerney y José Luis Gómez. El poeta Shelley, su mujer, Lord Byron y el doctor Polidori se reúnen para escribir y disfrutar de la vida. Tolerada**RENOIR-Plaza de España** (Madrugada)

	NOMBRE O TÍTULO	¿DÓNDE?	¿CUÁNDO?
1. Una exposición de dibujos.			
2. Un restaurante italiano.			
3. Un concierto de música de origen africano.			
4. Una película china en versión original.			

3 Piensa en algunos espectáculos interesantes que hay ahora en la ciudad o el pueblo donde estás. Fíjate en la actividad 6 del libro del alumno y escríbelo.

En el cine ______ ponen ______.
En ______ hay un concierto/una exposición de ______.
....
....
....

4 Completa con estas palabras y pon las mayúsculas necesarias.

tengo acuerdo es puedo quieres vamos no

1. — ¿________ venir a dar una vuelta?
   • Vale. De ________.
2. — ¿________ al teatro esta noche?
   • Esta noche ________ puedo. Es que ________ que estudiar. Pero si quieres mañana...
   — ________ que mañana yo no ________

5 **Ordena y puntúa estas frases.**

1. y vale qué hacer podemos
2. que me no pronto bien tan va es
3. perfecto a puerta las entonces once menos cuarto la en quedamos
4. bien ah muy qué a empieza hora

1. ....
2. ....
3. ....
....
4. ....

6 **Completa el diálogo con las frases del ejercicio 5.**

— Oye, ¿nos vemos mañana por la noche?

• ....

— Pues mira, hay un concierto de Aurora Beltrán en la Sala Universal...

• ....

— A las once, así que podemos quedar sobre las diez en la puerta.

• ....

— ¿Y a las once menos cuarto?

• ....

Escucha y comprueba.

7 **Todos estos verbos son irregulares en presente de indicativo. Divídelos en dos grupos según su irregularidad.**

poder acordarse dormir preferir entender venir
empezar tener cerrar querer volver acostarse

poder	venir

Ahora escribe las formas verbales correspondientes.

INFINITIVO	PRESENTE DE INDICATIVO	
poder	yo puedo	nosotros podemos
preferir	tú	vosotros ....
acordarse	él	ellos ....
entender	yo	nosotros ....
dormir	tú	vosotros ....
venir	usted	ustedes ....
empezar	yo	nosotros ....
volver	él	ellos ....
cerrar	ella	ellas ....
tener	tú	vosotros ....
acostarse	usted	ustedes ....
querer	yo	nosotros ....

8 Lee este chiste y describe el carácter del señor. Puedes usar el diccionario.

....

....

 **Pregunta como en el modelo.**

Jueves / tarde.

¿Te va bien el jueves por la tarde?

1. Jueves / tarde.
2. Miércoles / mañana.
3. Mañana / noche.
4. Lunes / mediodía.
5. Hoy / 4 h.
6. Mañana / 11 h.
7. Sábado / 12 h.

 **¿Hay espectáculos españoles o hispanoamericanos en tu pueblo o tu ciudad? Escribe los nombres o los títulos de algunos que hayas visto.**

Lección 16

1 CRUCIGRAMA

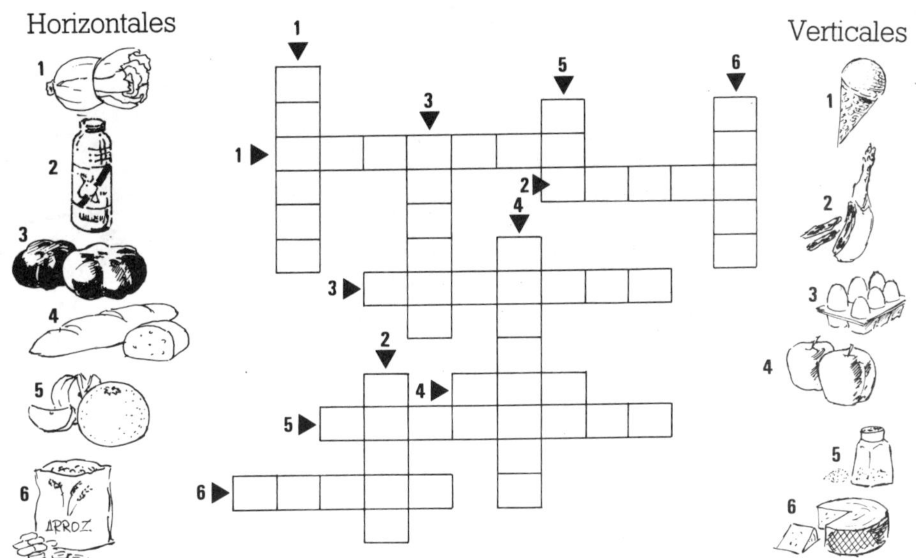

2 **Escribe los productos de la actividad 1 en la columna correspondiente.**

un(a)	una botella de	un kilo de	un paquete de	un trozo de	una docena de	una barra de

¿Puedes añadir más productos?

3 **En un supermercado se puede comprar todo tipo de productos alimenticios, pero también hay tiendas que venden ciertos alimentos.**
Relaciona cada uno de estos productos con la tienda donde lo venden.

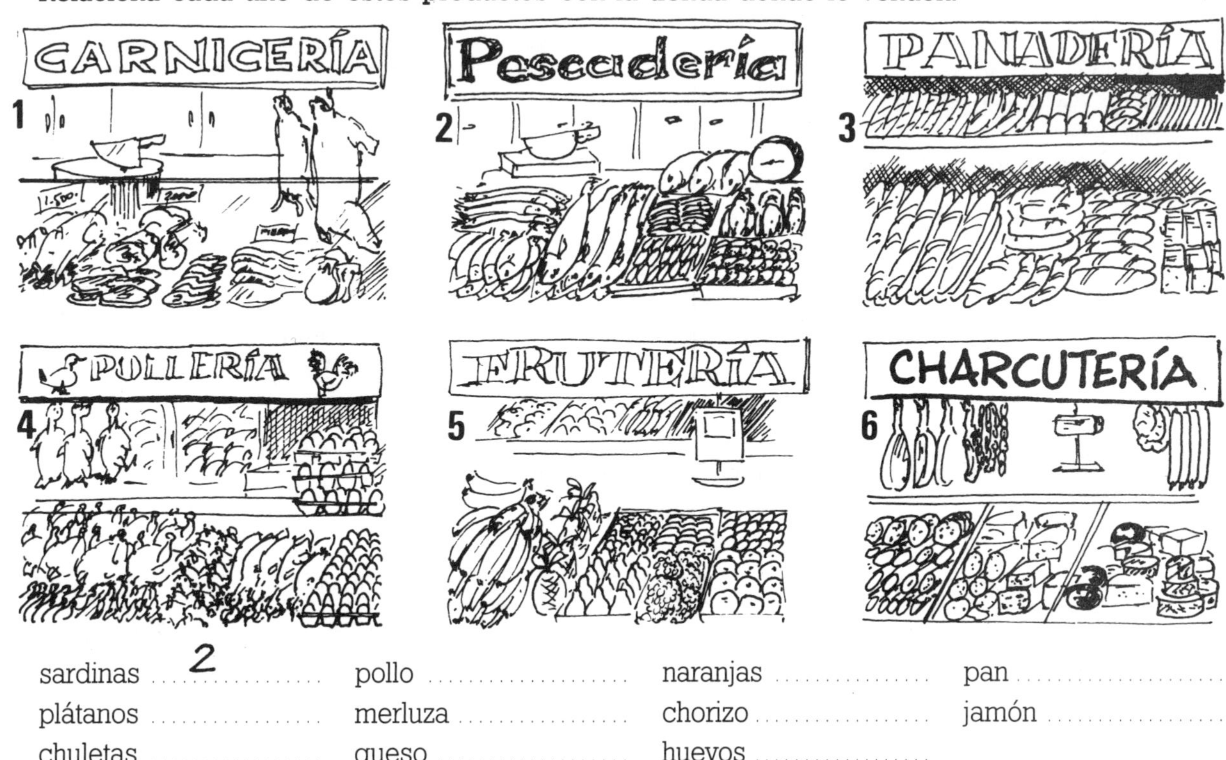

sardinas 2	pollo	naranjas	pan ....
plátanos	merluza	chorizo	jamón ....
chuletas	queso	huevos	

4 Escribe los nombres.

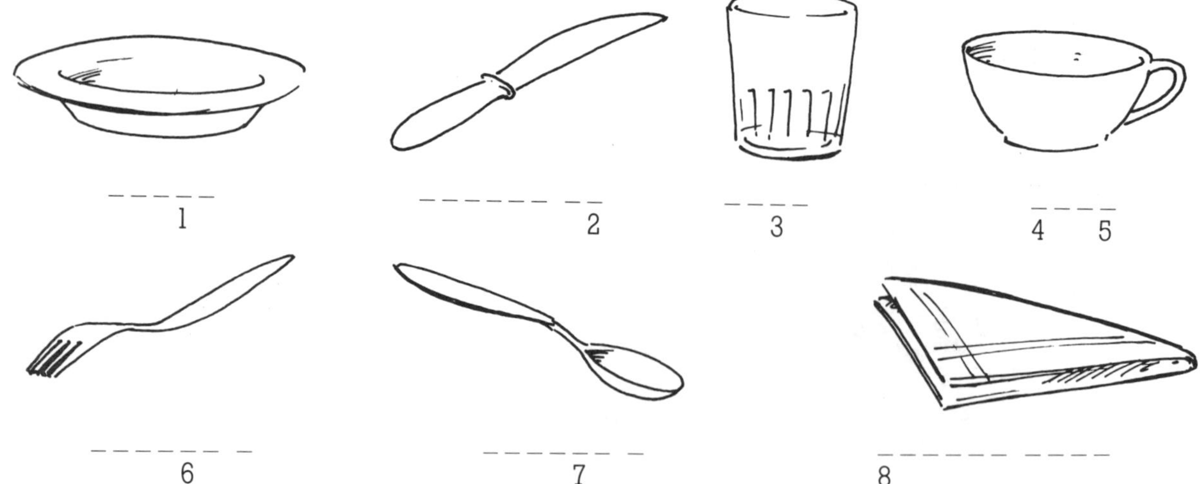

Usa las claves y escribe el nombre de una cosa que desayuna mucha gente.

_ _ _ _ _ _ _ _

1 2 3 4 5 6 7 8

5 Ordena este menú.

Chuletas de cordero
Naranja
Arroz a la cubana
Ensalada
Yogur
Huevos con chorizo
Macarrones con tomate
Sardinas a la plancha
Jamón con melón
Merluza a la vasca
Tarta de queso
Sopa
Pollo frito con patatas
Plátano

6 Agrupa estos alimentos y bebidas. Puedes usar el diccionario.

pollo naranjas sardinas vino lechuga tomates
plátanos jamón trucha cerveza agua
chuletas de cordero cebollas manzanas merluza

carne	pescado	fruta	verdura	bebidas
pollo				

7 **Todas las frases de este diálogo tienen un error. Corrígelas y escríbelas de nuevo.**

— ¿Qué va tomar? — ....

• ¿Cómo es el arroz de la cubana? • ....

— Pues lleva arroz, tomate, un huevo y un plátano fritas. — ....

• Entonces arroz a la cubana y, de segundo... merluza a la romana de ensalada. • ....

— ¿Y por beber? — ....

• Agua, agua mineral de gas. • ....

— ¿Qué va a tomar a postre? — ....

• Tarta con queso. • ....

8 **Ordena este chiste.**

A. «Lo mismo que tú».
B. Llegan dos amigos a un bar y uno le pregunta al otro:
C. «Para mí, otros dos».
D. «¿Qué vas a tomar?»
E. Entonces el primero le dice al camarero:
F. Y el segundo:
G. «¡Camarero, dos cafés!»

Orden:
B....., ..., ..., ..., ..., ..., ...

SOPA DE LETRAS

9 **Busca diez formas verbales en presente de indicativo. Todas son irregulares.**

T	D	U	E	R	M	E	V	S	C
A	B	K	C	A	L	S	U	I	N
R	E	P	I	T	O	J	E	G	T
V	I	N	H	Q	X	O	L	U	A
O	D	V	T	U	M	Y	V	E	F
P	R	E	F	I	E	R	E	S	O
F	U	V	I	E	N	E	B	A	D
A	S	H	A	R	U	N	Z	J	I
P	U	E	D	E	S	A	D	H	C
A	I	T	O	N	P	I	D	O	E

Ahora escribe el infinitivo de esos verbos. Agrúpalos según la irregularidad que tengan en presente.

Lee este artículo.

EL 12 % DE LOS MADRILEÑOS COME HABITUALMENTE FUERA DE CASA

Según un estudio realizado por el Ayuntamiento, en Madrid hay 712 hoteles, hostales y pensiones, 3.775 restaurantes y 12.828 cafeterías, bares y tabernas (un local por cada 235 habitantes). También indica el estudio que el 12 % de los madrileños come normalmente fuera de su domicilio. Un 7,5 % lo hace en su lugar de trabajo y un 4,5 % en restaurantes. Los que más comen fuera son los agentes comerciales, los representantes y los directores; los que menos, los parados.

Por clases sociales, la alta es la que más come fuera (un 15,8 %), seguida de la media (un 14,5 %) y la media baja (6,9 %). En general, a partir de los 45 años la gente prefiere comer en casa. Finalmente el estudio señala que en los bares y «pubs» entra un 16 % más de hombres que de mujeres.

El País, 10-6-89. (Adaptado.)

Piensa en estas cuestiones:

¿Es interesante este artículo?

¿Has entendido todo?

¿Crees que es necesario entender todas las palabras? ¿Por qué no?

Lee otra vez el texto y fíjate en lo que necesitas para señalar si son verdaderas o falsas estas informaciones. Puedes usar el diccionario.

	V	F
1. En Madrid hay 12.828 restaurantes.		
2. El 88 % de los madrileños come habitualmente en casa.		
3. Los ricos comen fuera de casa más que los pobres.		
4. Las personas de 50 años prefieren comer en casa.		
5. A los bares de Madrid van más mujeres que hombres.		

Fíjate en los modelos.

Mayonesa.

¿Nos trae un poco más de mayonesa, por favor?

Cuchara.

¿Nos trae otra cuchara, por favor?

Ahora pídele cosas al camarero.

1. Mayonesa.
2. Cuchara.
3. Vaso.
4. Agua.
5. Pan.
6. Cuchillo.

Piensa en alimentos que tomas habitualmente y escríbelos en el recuadro.

DESAYUNO

COMIDA

CENA

Lección 17

1 **Añade las vocales necesarias y escribe nombres de prendas de vestir.**

cms	camisa	pntlns	
chqt		vstd	
fld		trj	
cmst		czdr	
mds		brg	
vqrs		clctns	

2 **Busca seis diferencias y escríbelas.**

1. El señor lleva una chaqueta. El señor lleva una cazadora.
2.
3.
4.
5.
6.

3 **Observa de nuevo a esas personas y escribe frases comparándolas. Puedes usar los adjetivos del recuadro.**

alto/a
joven
gordo/a
guapo/a

1. La chica es más alta que el chico.
2.
3.
4.

4 Escribe otras frases expresando las mismas ideas del ejercicio 3, pero de manera diferente.

1. El chico es más bajo que la chica.
2. ....
3. ....
4. ....

5 Piensa en dos familiares tuyos y compáralos.

(Mi hermano Albert es más joven que mi hermana Dorothy, pero no es tan moderno como ella.)

6 Busca el intruso y justifícalo.

1. Corta estrecha oscuras cómoda barata.
2. Rosa blanca amarillo queso verde.
3. Abrigo sueño sujetador corbata falda.
4. Árbol pizarra papelera lápiz cuaderno.
5. Lana algodón tela plástico campo.

A. No es una prenda de vestir. sueño
B. No es una cosa de la clase. ....
C. Es adjetivo, pero plural. ....
D. No es un material. ....
E. No es un color. ....

7 Combina los elementos necesarios para formar seis preguntas que normalmente hacen el dependiente o el cliente de una tienda de ropa.

de / para / Ø

cuánto / cómo / qué / quién

lo / es / tal / quiere / talla / queda / cuesta / desea / le

1. ¿De qué es?
2. ¿........?
3. ¿........?
4. ¿........?
5. ¿........?
6. ¿........?

8 CRUCIGRAMA

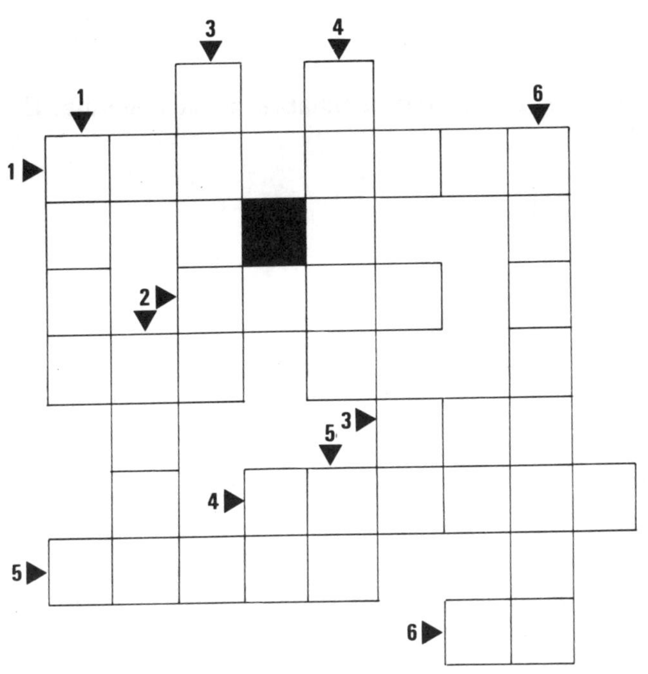

Horizontales

1. — ¿Puedo ... esta chaqueta?
   - Sí, mire, el probador está a la derecha.
2. Hay muchas prendas de vestir que son de ...
3. Estos pantalones son un poco más caros ... aquéllos.
4. Lo contrario de negro.
5. La llevan las mujeres.
6. — ¡Huy! Este jersey es muy corto. Yo ... quería un poco más largo.

Verticales

1. — ¿Es ... usted?
   - Sí.
2. Lo contrario de barata.
3. Lo contrario de largo.
4. — ¿Sabe qué ... tiene?
   - La 40.
5. — Quería una camisa de algodón para mí.
   - ¿De qué color ... quiere?
6. Lo contrario de ancho.

9 **Usa la información de las pautas para escribir las preguntas.**

1. COLOR (MEDIAS).
   ¿De qué color las quiere?
2. TALLA (BLUSA).
   ....
3. NÚMERO (ZAPATOS).
   ....
4. TALLA (CALZONCILLOS).
   ....
5. COLOR (TRAJE).
   ....
6. COLOR (CALCETINES).
   ....
7. NÚMERO (BOTAS)
   ....
8. COLOR (BRAGAS)
   ....

DICTADO GRÁFICO

10 **Prepara lápices de colores para dibujar a Vicente.**

a) Escucha toda la descripción seguida e intenta imaginarte a Vicente.
b) Ahora escucha con pausas y dibújalo.

11 **Dilo como en el modelo.**

(La camisa) muy bien.
Me queda muy bien.

1. (La camisa) muy bien.
2. (Los pantalones) un poco anchos.
3. (La falda) no/bien.
4. (La chaqueta) no/mal.
5. (El abrigo) bastante bien.
6. (Los vaqueros) un poco largos.

12 **Haz una lista de las prendas que más llevas. No te olvides de poner los colores.**

Lección 18

LA COLUMNA

1 **Escribe cada respuesta en la línea correspondiente. Luego lee la palabra de la columna. Es el nombre de un escritor español muy famoso.**

1. Las puedes ver en el cine.
2. Gerundio de «decir».
3. Día de la semana.
4. Bebida alcohólica.
5. Mueble donde se guarda la ropa.
6. Lo contrario de «siempre».
7. Parte del cuerpo.
8. Se le dice a una persona el día de su cumpleaños.
9. Gerundio de «sentarse».

1. _ _ _ _ |_| _ _ _ _
2. _ _ _ _ |_| _ _ _
3. _ _ _ |_| _ _ _ _ _
4. _ _ _ |_| _ _ _
5. _ _ _ |_| _ _ _
6. _ _ |_| _ _
7. _ _ |_| _ _ _ _ _
8. _ |_| _ _ _ _ _ _ _ _ _
9. |_| _ _ _ _ _ _ _ _ _

Lee las descripciones e identifica a esas personas en el dibujo. Luego escribe lo que está haciendo cada una de ellas.

1. Laura es una chica joven que lleva una camiseta y está muy contenta.
2. Julián lleva un traje y está muy contento. Le encanta bailar.
3. Rita es una señora de unos 45 años que no lleva falda ni pantalones. Le gustan mucho los canapés.
4. Ricardo tiene unos 50 años y lleva gafas y un traje muy bonito. Tiene bastante calor.
5. María es muy joven. No lleva pantalones y le gusta mucho el vino.

1. Laura está ....
2. Julián ....
3. Rita ....
4. Ricardo ....
5. María ....

3 **Piensa en cuatro personas que conoces bien y escribe lo que creas que están haciendo ahora.**

Creo que .... está ....

....

....

....

4 Completa este diálogo con las palabras del recuadro. Hay una que se repite. ¡Atención a las mayúsculas!

te	es	cumpleaños	ti	qué

— ¡Feliz ______ y que pases un buen día!
- Gracias, Eva.

— Mira, esto es para ______.
- Humm... muchísimas gracias. A ver, a ver qué ______ ¡Una pulsera! ¡______ bonita!

— ¿______ gusta?
- Me encanta. ______ preciosa.

5 a) **Ordena las letras de los meses del año.**

OBREREF ECORBUT OATSOG

REVOBEMIN IRLAB OLUJI

RNEOE BIMECRIDE INUOJ

YMOA TERIBESPEM AMROZ

b) **Ahora escríbelos en orden.**

1. enero
2.
3.
4.
5.
6.
7.
8.
9.
10.
11.
12.

6 Piensa en cinco fechas importantes y escribe frases diciendo por qué son importantes.

El uno de mayo es el Día de los Trabajadores.

1.
2.
3.
4.
5.

7 A todas estas frases les falta una palabra: «es» o «está». Complétalas.

1. — Esa camisa de algodón, ¿verdad?
2. — Dice que muy enfadada y no quiere hablar con nadie.
3. — Tu hermana mayor médica, ¿verdad?
4. — Mira, ésa de rojo mi vecina.
5. — No estoy seguro, pero creo que Soria no muy lejos de Madrid.
6. — Tu cumpleaños en abril, ¿verdad?
7. — Pues mira, ahora no puede ponerse, duchándose.
8. — ¿Sabes qué día hoy?
9. — ¡Qué buena esta tortilla!
10. — ¡Uff...! ¡ya la una y media!

8 Dilo como en el modelo.

Esta sopa.

¡Qué buena está esta sopa!

1. Esta sopa.
2. Esta ensalada.
3. Estas chuletas.
4. Este filete.
5. Estos macarrones.
6. Este pollo.

DICTADO

9 Primero escucha cada frase y no escribas. Repite mentalmente lo que oigas. Luego escríbelo.

1.
2.
3.
4.
5.
6.

10 Piensa en tres palabras o expresiones que dices mucho en tu lengua y no sabes cómo se dicen en español. Averígualo y escríbelas.

Lección 19

ROMPECABEZAS

1 **La última letra de una palabra es la primera de la siguiente.**

		7			
6		3			
		1			8
		■			
	2				
5				4	
			9		

1. Es de papel y sirve para anunciar una película, un concierto, etc.
2. Sirve para escribir.
3. Se llevan en los pies.
4. Donde metemos una carta.
5. El primer mes del año.
6. Los necesitamos para ver.
7. Tiene siete días.
8. Participio de «abrir».
9. Participio de «oír».

2 **Ordena estas palabras de menor a mayor duración.**

mes minuto trimestre día año segundo semestre semana siglo hora

1. segundo
2. ....
3. ....
4. ....
5. ....
6. ....
7. ....
8. ....
9. ....
10. ....

3 **Completa este cuadro con las formas verbales correspondientes.**

INFINITIVO	PRESENTE (1.ª persona singular)	GERUNDIO	PARTICIPIO
empezar			
	leo		
		diciendo	
			comido
hacer			
	vuelvo		
		poniendo	
			pedido
escribir			
	veo		
		esperando	
			dormido

4 **Usa las pautas y añade las palabras necesarias para escribir frases como en el modelo.**

1. Todos los días / levantarse / ocho / hoy / levantarse / nueve.

   Todos los días me levanto a las ocho, pero hoy me he levantado a las nueve.

2. Normalmente / venir / coche / hoy / venir / Metro.

3. Todas las semanas / escribir / muchas cartas / ésta sólo / escribir / una.

4. Siempre / volver / pronto / casa / hoy / volver / tarde.

5. Todos los días / hacer / muchas cosas / hoy / no hacer / nada.

6. Todos los días / empezar / trabajar / nueve / hoy / empezar / diez.

7. Todas las semanas / ver / varias películas / ésta sólo / ver / una.

5 **Escucha y escribe un mínimo de cinco frases indicando qué ha hecho hoy esta persona antes de salir de casa.**

Se ha levantado a las ocho.

6 **Mira a estas dos personas en un parque a las seis de la tarde. Elige a una de ellas y escribe lo que creas que ha hecho hoy. No te olvides de unir las frases con «primero», «y», «luego» y «después».**

7 **Ordena y puntúa las frases de este diálogo.**

— pero no perdona oído llegar he que tarde despertador es el por
- igual es bah

— de lo verdad siento
- te no importancia hombre no preocupes tiene

— Perdona

•

—

•

8 **Dilo como en el modelo.**

Perder el tren.

Perdona por llegar tarde, pero es que he perdido el tren.

1. Perder el tren.
2. No oír el despertador.
3. Salir muy tarde del trabajo.
4. Encontrarse con un amigo.
5. Dormirse.
6. Tardar mucho en encontrar este sitio.

9 **Piensa en palabras o expresiones que te resultan difíciles de recordar. Luego escribe una frase con cada una de ellas.**

Lección 20

1 Busca el intruso y justifícalo.

1. Con para (entrar) de en.
2. A menudo a veces siempre lejos alguna vez.
3. Dice sé viendo creo pensamos.
4. Tontos calendarios precioso barato amable.
5. Coche tenedores piernas árboles autobuses.
6. Hecho digo salido visto estudiado.

A. Es gerundio, no presente. ....
B. Es un sustantivo pero no plural. ....
C. Es un verbo, no una preposición. entrar
D. Es presente, no participio. ....
E. No expresa frecuencia. ....
F. No es un adjetivo. ....

2 ¿Puedes formar doce preguntas con elementos de las cinco columnas? Escríbelas.

¿					?
	Has	hablado ido jugado bebido tocado estado escrito visto	alguna vez	en a al con Ø	barco un famoso Roma un ovni Estados Unidos golf un poema tequila un saxofón

1. ....
2. ....
3. ....
4. ....
5. ....
6. ....
7. ....
8. ....
9. ....
10. ....
11. ....
12. ....

3 Escribe tus respuestas a las preguntas del ejercicio anterior.

1. ....
2. ....
3. ....
4. ....
5. ....
6. ....
7. ....
8. ....
9. ....
10. ....
11. ....
12. ....

4 Escribe dos frases sobre cada una de estas personas indicando:

a) qué han hecho ya

b) qué no han hecho todavía.

1. Víctor está haciendo 2.° de Medicina.

   a) Ya ha empezado la carrera de Medicina.

   b) Todavía no ha terminado sus estudios.

2. Son las once de la noche y Félix está viendo la televisión.

   a) ....

   b) ....

3. Es la hora de la comida e Ignacio no está en su despacho.

   a) ....

   b) ....

4. Son las nueve de la mañana y Javier está esperando el autobús para ir a clase.

   a) ....

   b) ....

5. Son las once de la noche y Paco está leyendo una novela en la cama.

   a) ....

   b) ....

5 a) Haz una lista de siete u ocho cosas que haces todos los días.

1. ....
2. ....
3. ....
4. ....
5. ....
6. ....
7. ....
8. ....

5 b) Ahora escribe cuáles has hecho ya hoy y cuáles no has hecho todavía.

1. ....
2. ....
3. ....
4. ....
5. ....
6. ....
7. ....
8. ....

6 **Ordena y escribe estas frases correctamente.**

1. estoy contigo acuerdo yo de

   ....

2. tiene que Marisa creo razón yo

   ....

3. ¿Jesús acuerdo estás con de?

   ....

4. creo razón que yo pues tienes no

   ....

7 **Pregunta como en el modelo.**

¿Estar / Moscú?

¿Has estado alguna vez en Moscú?

1. ¿Estar / Moscú?
2. ¿Jugar / baloncesto?
3. ¿Ir / Portugal?
4. ¿Comer / arroz a la cubana?
5. ¿Bañarse / Mediterráneo?

8 **¿Intentas aprender más español fuera de clase? ¿Cómo? Escríbelo.**

Lección 21

ÁRBOL DE LETRAS

1 **¿Puedes formar seis palabras relacionadas con viajes y otras seis relacionadas con el clima?**

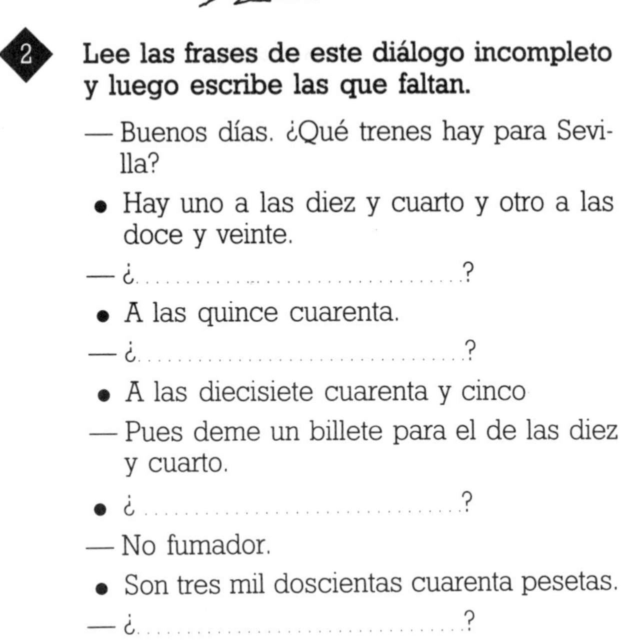

Viajes	Clima
1.	1. ....
2.	2. ....
3.	3. ....
4.	4. ....
5.	5. ....
6.	6. ....

2 **Lee las frases de este diálogo incompleto y luego escribe las que faltan.**

— Buenos días. ¿Qué trenes hay para Sevilla?

• Hay uno a las diez y cuarto y otro a las doce y veinte.

— ¿..................................?

• A las quince cuarenta.

— ¿..................................?

• A las diecisiete cuarenta y cinco

— Pues deme un billete para el de las diez y cuarto.

• ¿..................................?

— No fumador.

• Son tres mil doscientas cuarenta pesetas.

— ¿..................................?

• De la vía nueve.

3 **A todas estas frases les falta una preposición: «a», «de», «con», «por» o «para». Complétalas.**

1. El Talgo de Granada acaba salir.
   ....
2. ¿A qué hora llega el las ocho y cinco?
   ....
3. ¿El Intercity de Valencia pasa Toledo?
   ....
4. ¿qué día lo quiere?
   ....
5. ¿qué vía llega el Talgo de Barcelona?
   ....
6. Deme dos billetes litera.
   ....
7. ¿A qué hora sale el autobús Valencia?
   ....

4 **Lee este anuncio y responde a las preguntas.**

LAS CUATRO ESTACIONES

CAMBIE SU DESTINO EN CADA ESTACION

Cambie de estación. Cambie de destino. Tiene cuatro para elegir. Cuatro estaciones y más de treinta destinos. Con viajes organizados para fines de semana, puentes o semanas enteras. Con tren, hotel en regimen elegido, excursiones y visitas incluidas en el precio del billete. Viajes especiales para primavera - verano o para otoño - invierno.

Para los amantes de la montaña y de la playa, del deporte y de los balnearios. Para los amantes del tren. Renfe dispone ahora de una alternativa de viaje para cualquier afición. Para que pueda cambiar de destino en cada estación.
Infórmese en su Agencia de Viajes.

1. ¿Sabes qué es RENFE? En caso negativo, averígualo.
   ....
2. ¿En qué estaciones del año puedes hacer los viajes organizados mencionados en el anuncio?
   ....
3. ¿Cuántos destinos ofrece RENFE para estos viajes?
   ....
4. ¿Qué incluye el precio del billete?
   ....
5. ¿Dónde puedes obtener información si quieres hacer uno de esos viajes?
   ....

5 **Ordena y puntúa estas frases.**

1. en hace que Madrid en tiempo verano
   ....
2. mucho hace calor
   ....
3. invierno en y
   ....
4. pero frío mucho llueve no mucho hace
   ....
5. alguna nieva vez
   ....
6. casi no nunca nieva no
   ....

6 **Relaciona los elementos de las dos columnas. En algún caso puede haber más de una posibilidad.**

sol	pasear
templado	quedarse en casa
nieve	coger el paraguas
lluvia	ponerse un sombrero
frío	esquiar
buen tiempo	ir de camping

7 **Empareja las dos partes de cada frase.**

1. Un barco es más grande → b)
2. Cuando hace calor
3. En una agencia de viajes se puede
4. La gente usa los paraguas
5. Para ir a muchos países
6. El avión es más rápido
7. Para esquiar
8. Los aviones se cogen
9. Cuando hace frío
10. En un billete de avión
11. El tren sólo lo puedes coger

a) cuando llueve.
b) que un coche.
c) se necesita un pasaporte.
d) en los aeropuertos.
e) comprar billetes, reservar habitaciones de hotel...
f) que el tren.
g) la gente lleva poca ropa.
h) siempre viene el número de vuelo.
i) en las estaciones.
j) se necesitan esquís.
k) la gente lleva mucha ropa.

8 **Añade «muy», «mucho», «mucha», «muchos» o «muchas» a todas estas frases.**

1. Dice que habla alemán bien.
   ....
2. Ya sabes que no le gustan las motos.
   ....
3. Pues yo voy a la playa fines de semana.
   ....
4. Tu pueblo está cerca de aquí, ¿verdad?
   ....
5. Esta mañana he estado en el mercado y he comprado cosas.
   ....
6. Oye, estos macarrones están buenos, ¿eh?
   ....
7. En tu pueblo llueve, ¿no?
   ....
8. Él dice que no, pero la verdad es que come galletas.
   ....

9. Yo, los viernes, me acuesto tarde.

....

10. En Moscú hay parques, ¿verdad?

....

11. Yo, el café, lo prefiero con azúcar.

....

12. Los sábados por la mañana hay gente comprando en el mercado.

....

9 Pregunta como en el modelo.

¿Barcelona / 8.25?

¿A qué hora llega a Barcelona el tren de las ocho y veinticinco?

1. ¿Barcelona / 8.25?
2. ¿Alicante / 12.10?
3. ¿Zaragoza / 16.45?
4. ¿Murcia / 7.20?
5. ¿Pamplona / 9.30?
6. ¿Bilbao / 22.50?

10 Piensa en tres palabras o expresiones útiles que no sabes cómo se dicen en español. Averígualo y escríbelo. Escribe también un ejemplo con cada una de ellas y enséñaselo al profesor.

Lección 22

LA COLUMNA

1 Escribe el sustantivo correspondiente a cada verbo. Luego lee la palabra de la columna. Es el nombre de la capital de un país latinoamericano.

1. Llamar.
2. Regresar.
3. Continuar.
4. Visitar.
5. Llegar.
6. Viajar.
7. Ir.
8. Salir.
9. Volver.
10. Comenzar.

1. LLA M ADA
2. _ _ _ _ _ _ | _ |
3. _ _ _ _ _ | _ | _ _ _ _ _ _
4. _ _ _ _ | _ | _
5. _ _ | _ | _ _ _ _
6. | _ | _ _ _ _
7. | _ | _ _
8. _ _ _ _ | _ | _
9. _ _ | _ | _ _ _
10. _ | _ | _ _ _ _ _ _

Mira la agenda de María José y escribe qué va a hacer mañana.

15 MARTES JUNIO

9.00 - Entrevista de trabajo
12.00 - Conferencia de García Calvo
14.30 - Comida con Gustavo
16.30 - Tenis
18.30 - Llamar a la agencia de viajes
18.45 - Compras
22.00 - Cine

1. A las nueve va a tener una entrevista de trabajo.
2. ....
3. ....
4. ....
5. ....
6. ....
7. ....

A todas estas frases les falta una palabra. Complétalas.

1. ¿Qué vas hacer este fin de semana?
....
2. Hoy llegado tarde a clase.
....
3. Estoy cansadísimo. Me parece que esta noche no a salir.
....

4. ¿Sabes a quién visto esta mañana?

....

5. La semana viene no voy a trabajar.

....

6. Pues yo no he nunca en Londres.

....

7. ¿Tú acuestas muy tarde?

....

8. Hoy he ido trabajar en taxi, es que me he despertado tardísimo.

....

4 **Usa elementos de las dos columnas para escribir frases como en el modelo.**

(llamar al dentista) →	preguntarte una cosa
ver a Felipe	(pedir hora)
hablar contigo	comentarles este asunto
llamar al restaurante	decirle unas cosas
hablar con ellos	anular el billete
llamar a la agencia de viajes	reservar mesa

1. Tengo que llamar al dentista para pedir hora.
2. ....
3. ....
4. ....
5. ....
6. ....

5 **Relaciona las dos partes de cada frase.**

Para ser un buen ciclista →	hay que ser muy extrovertido.
Si quieres estar en forma	tienes que tomar mucho el sol.
Para ser presidente del gobierno	tienes que hacer deporte.
Si quieres estudiar en la universidad	hay que entrenarse mucho.
Para ser un buen relaciones públicas	hay que ir a la playa o a la piscina.
Para poder bañarse	hay que ganar las elecciones generales.
Si quieres estar muy moreno	tienes que aprobar el examen de ingreso.

6 **Marina está haciendo los preparativos para irse mañana a Cuba a pasar un mes de vacaciones. Lee la nota y escribe qué ha hecho ya y qué tiene que hacer todavía.**

✓ recoger el visado
– cambiar dinero
– comprar carretes de fotos
✓ recoger el billete
– hacer las maletas
– comprar guía turística
– llamar taxi para mañana
✓ llamar despertador automático

1. Ya ha recogido el visado.
2. Todavía tiene que cambiar dinero.
3. ....
4. ....
5. ....
6. ....
7. ....
8. ....

 7 **Pregunta como en el modelo.**

¿Salir / quedarte en casa?

¿Vas a salir o vas a quedarte en casa?

1. ¿Salir / quedarte en casa?
2. ¿Ver la televisión / hacer los deberes?
3. ¿Hacer la cena / cenar fuera?
4. ¿Telefonearle / escribirle una carta?
5. ¿Ir en Metro / coger un taxi?

 8 **Dilo como en el modelo.**

Volver.

No sé si tengo que volver o no.

1. Volver.
2. Ir por la mañana.
3. Esperarla.
4. Llegar pronto.
5. Ir a recogerlo.
6. Quedarme.

DICTADO

 9 **Escucha cada frase y no escribas. Repite mentalmente lo que oigas. Luego escríbelo.**

1. ....
2. ....
3. ....
4. ....
5. ....

10 **Escribe tres o cuatro cosas que tienes que hacer en clase de español.**

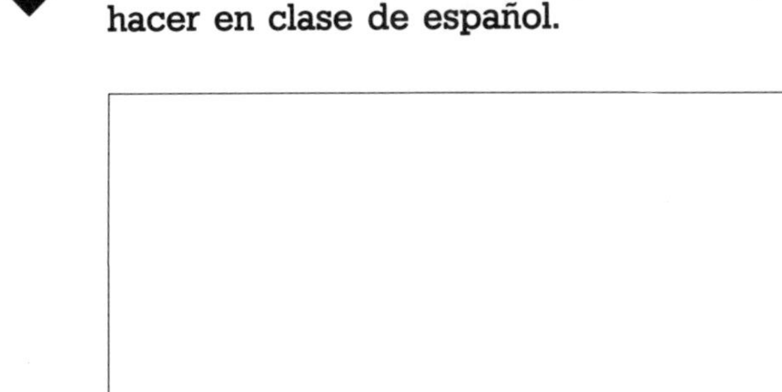

Lección 23

SOPA DE LETRAS

Busca lo contrario de:

prohibir poner abrir rechazar
entrar apagar comenzar perder
bajar

E	N	C	E	N	D	E	R	B
B	U	T	S	O	Z	I	L	O
G	A	C	E	P	T	A	R	G
J	K	E	H	I	R	O	P	A
T	E	R	M	I	N	A	R	N
U	L	R	L	F	Y	P	Z	A
H	E	A	S	U	B	I	R	R
P	S	R	G	V	J	H	U	Ñ
Q	U	I	T	A	R	F	A	I

Completa este cuadro.

INFINITIVO	IMPERATIVO (tú)	IMPERATIVO (usted)
entrar		
	come	
		abra
repetir		
	estudia	
		empiece
hacer		
	vuelve	
		espere
venir		

Escribe frases concediendo permiso en estilo informal (tú).

1. — Oye, Gloria, ¿puedo bajar un poco la música?
   - Sí, sí. Bájala.
2. — ¿Puedo cerrar la puerta? Es que tengo un poco de frío.
   - ....
3. — ¿Puedo poner este disco?
   - ....
4. — ¿Puedo hacer este crucigrama?
   - ....
5. — Oye, Félix, ¿puedo subir un poco la radio?
   - ....
6. — ¿Puedo coger el periódico? Es que quiero mirar una cosa.
   - ....
7. — ¿Puedo hacer una llamada? Es sólo un momento.
   - ....
8. — Perdona, ¿puedo coger esta silla?
   - ....

4 Cambia las respuestas que has escrito en el ejercicio 3 a estilo formal (usted).

1. Sí, sí. Bájela
2. ...
3. ...
4. ...
5. ...
6. ...
7. ...
8. ...

5 ¿Qué dices en estas situaciones? Explica por qué cuando lo creas necesario.

1. Quieres mirar una cosa en la revista de tu compañero.

   ¿Me dejas la revista un momento? Es que quiero mirar una cosa.
2. Te vas a ir de casa de un amigo. Está lloviendo y no has llevado el paraguas.

   ...
3. Estás en clase al lado de la ventana y no oyes casi nada con el ruido de la calle.

   ...
4. Estás en la calle y vas a fumar, pero no tienes fuego.

   ...
5. Vas a apuntar el teléfono de una persona que has conocido, pero no tienes papel.

   ...
6. Estás haciendo la cena y te das cuenta de que no te queda sal. Se la pides a la vecina.

   ...
7. Estás en casa de un amigo y tienes mucha sed.

   ...

6 Completa estos diálogos.

1. — ...
   - Es que la necesito yo. Lo siento.
2. — ...
   - Sí, un momento.
3. — ...
   - Es que está ocupada.
4. — ...
   - Sí, tome.
5. — ...
   - Sí, claro. Cógelo, cógelo.
6. — ...
   - No, no fumo. Lo siento.
7. — ...
   - Perdona, pero es que no sé dónde está.

7 Piensa en tres cosas que se pueden hacer y en otras tres que no se pueden hacer en un hospital. Escríbelo.

Se puede	No se puede
1. ...	1. ...
2. ...	2. ...
3. ...	3. ...

8 Fíjate en estos dos modelos.

Un caramelo.

¿Me das un caramelo?

El lápiz.

¿Me dejas el lápiz un momento?

Ahora pide tú estas cosas.

1. Un caramelo.
2. El lápiz.
3. El rotulador.
4. Un cigarro.
5. Tu reloj.
6. Una hoja.
7. Esa revista.

9 Piensa en algunas palabras o frases que conoces, pero que no dices casi nunca. Escríbelas e indica por qué las dices tan poco.

Lección 24

1 Añade las vocales necesarias y escribe formas verbales en pretérito indefinido.

1.	c_m_ _r_n	Comieron	7.	_st_v_m_s	....
2.	v_v_	....	8.	ll_g_ _	....
3.	h_z_	....	9.	_scr_b_ _	....
4.	c_n_c_st_	....	10.	f_ _st_ _s	....
5.	c_mpr_r_n	....	11.	c_g_m_s	....
6.	_mp_z_st_ _s	....	12.	_st_d_ _st_ _s	....

2 Completa el cuadro. Usa las personas gramaticales propuestas en cada caso.

INFINITIVO	PRESENTE	PRETÉRITO INDEFINIDO
cenar	cenó	cené
		vinimos
	hacen	
ser		fuiste
	vas	
		regalamos
	habla	
		bebisteis
	están	
		vio
	recibimos	
		dejasteis
	volvemos	

3 a) Busca un mínimo de siete verbos en pretérito indefinido. Escribe las formas y los infinitivos correspondientes.

Madrileños y vascos fueron quienes más viajaron en las vacaciones de 1990

EFE, **Madrid**
Los ciudadanos de la Comunidad de Madrid y los del País Vasco fueron los que más viajaron en 1990 en los periodos de vacaciones, según datos del Ministerio de Transportes referidos a ese año. Un estudio de dicho departamento precisa que el 76,3% de la población que reside en la autonomía madrileña decidió viajar en sus vacaciones y que el 71,8% de los habitantes del País Vasco también lo hizo.

La media nacional de viajeros se situó en el 53,4%, lo que supone un incremento del 18,6% sobre 1987. El resto de los ciudadanos —un 46,6%— no se fue de vacaciones.

Un 21,6% de los españoles se desplazó al menos en dos ocasiones en viaje de vacaciones, mientras que el resto, el 31,8%, realizó sólo un desplazamiento.

Entre los que no pudieron salir de vacaciones destacan los gallegos y andaluces, que en un 68,2 y en un 65,6%, respectivamente, decidieron quedarse en casa.

El País (18-3-91)

1. fueron — ser
2. .... — ....
3. .... — ....
4. .... — ....
5. .... — ....
6. .... — ....
7. .... — ....

b) Lee de nuevo esa noticia y señala si son verdaderas o falsas estas informaciones. Puedes usar el diccionario.

	V	F
1. Es un artículo sobre el turismo extranjero en España.		
2. Los datos proceden del Ministerio de Transportes.		
3. En 1990, el 53,4 % de los españoles no se fue de vacaciones.		
4. El 21,6 % de los españoles hizo dos viajes de vacaciones como mínimo.		
5. En las vacaciones de 1990 los gallegos viajaron menos que los vascos.		

4 **Rafael es un chico de Soria que pasó el último fin de semana en Madrid. Usa la información de su billete y los verbos propuestos para escribir sobre su viaje.**

Ir salir llegar durar costar fumar

71 N.º Y 358715 BILLETE + RESERVA EL 133 APPV0640

RENFE 00000000 0940

C. I. F.: G-28016749

064008709393 85117 Indicaciones especiales PRECIO GLOBAL Sello de emisión 28/03/91 13:39

PROHIBIDO FUMAR FUERA DE LA ZONA RESERVADA

CONSERVESE HASTA EL FINAL DEL VIAJE

DE	A	CLASE	FECHA	HORA SALIDA	TIPO DE TREN	COCHE	N.º PLAZA	DEPARTAMENTO	N.º TREN
SORIA	MAD.ATOCHA HORA DE LLEGADA-->:	1	31.03	16.30 19.43	TER/AUT	0051 CLIMATIZ.	052P	FUMADOR	05095

Tarifa 010 TARIFA GENERAL -TG-

Forma de pago METALICO

Pesetas****1485ǝǝ

Incluido S.O.V. e I.V.A.

Fue en tren.

....

....

....

....

....

5. **A todas estas referencias temporales les falta una palabra. Complétalas.**

1. año pasado ...el año pasado...
2. junio ....
3. hace tres ....
4. semana pasada ....
5. 1987 ....
6. ayer la tarde ....
7. 10 de agosto ....
8. el jueves por noche ....
9. en octubre 1990 ....
10. domingo ....

6. **Forma frases con las que tú te sientas identificado. Escríbelas en tu cuaderno.**

Anoche Hoy El otro día El mes pasado El año pasado	he visto fui estuve no hice he trabajado salí me compré	muchísimo un sombrero al dentista muy tarde de clase una película buenísima los deberes de vacaciones en el extranjero

7. a) **Ordena y escribe estas preguntas. No te olvides de las mayúsculas.**

1. ¿semana qué de fin el tal?

   ...¿Qué tal el fin de semana?...
2. ¿el estuvisteis vacaciones año dónde pasado de?

   ....
3. ¿muy ayer acostaste tarde te?

   ....
4. ¿qué Pamplona salisteis a de hora?

   ....
5. ¿tal ayer Concha en de casa qué?

   ....
6. ¿costó cuánto el te billete?

   ....
7. ¿por viernes saliste el noche la?

   ....

b) **Ahora relaciona esas preguntas con estas respuestas.**

A. ...2... En Cuba.
B. .... A las siete.
C. .... ¡Ah! Muy bien. Estuve en la sierra.
D. .... No, a las once.
E. .... Seiscientas cuarenta pesetas.
F. .... No, me quedé en casa leyendo.
G. .... Muy bien. Cenamos y luego estuvimos hablando hasta las tres.

8. **Escribe una pregunta adecuada a cada respuesta.**

1. — ....
   • Estuve en Sevilla.
2. — ....
   • No, fui con una compañera de trabajo.
3. — ....
   • Sí, muchísimo. Es una ciudad preciosa.
4. — ....
   • El domingo por la tarde.
5. — ....
   • Sí, fui al cine con Miguel.
6. — ....
   • La última película de Almodóvar.
7. — ....
   • No mucho. Es un poco lenta y aburrida.

9 **¿Te acuerdas de lo que hiciste el último fin de semana? Escríbelo.**

....

....

....

....

....

....

10 **Pregunta como en el modelo.**

¿Qué / hacer / anoche?

¿Qué hiciste anoche?

1. ¿Qué / hacer / anoche?
2. ¿Cuándo / estar / en Londres?
3. ¿Cómo / ir?
4. ¿Por qué no / llamar / ayer?
5. ¿Con quién / salir / anoche?
6. ¿A qué hora / levantarse / el domingo?
7. ¿Dónde / conocer / a Carmen?

11 **a) Escribe formas verbales que has aprendido en esta lección y que te parecen difíciles de pronunciar.**

b) Intenta pronunciarlas correctamente. Si necesitas ayuda, puedes consultar las actividades 4 y 5 del libro del alumno.

Lección 25

ROMPECABEZAS

1 **Escribe las formas correspondientes al pretérito indefinido. La última letra de una palabra es la primera de la siguiente.**

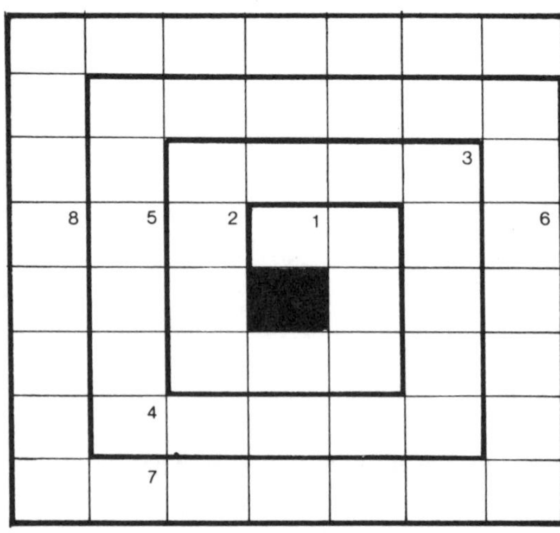

1. Ser (vosotros).
2. Salir (ella).
3. Olvidar (ellos).
4. Nacer (yo).
5. Informar (tú).
6. Explicar (nosotros).
7. Saludar (yo).
8. Entender (nosotros).

2 **¿Cómo puedes ordenar estos verbos?**

divorciarse morirse tener un hijo enamorarse jubilarse casarse nacer

1. Nacer ....
2. ....
3. ....
4. ....
5. ....
6. ....
7. Morirse ....

3 a) **A todas estas preguntas les falta una preposición: «a», «con», «en» o «entre». Pon también las mayúsculas necesarias.**

1. ¿dónde conociste tu profesor(a) de español?
....
2. ¿qué año naciste?
....
3. ¿dónde fuiste de vacaciones el verano pasado?
....
4. ¿en qué año entraste el colegio?
....
5. ¿dónde viviste 1988 y 1991?
....
6. ¿quién vives ahora?
....

b) **Ahora escribe tus respuestas.**

1. ....
2. ....
3. ....
4. ....
5. ....
6. ....

4 Usa la información del recuadro para escribir frases indicando por qué son famosos estos personajes.

1. Alexander Graham Bell.
2. Jimmy Carter.
3. Cristóbal Colón.
4. Los hermanos Lumière.
5. Gabriel García Márquez.
6. Cervantes.

— descubridor de América
— inventor del teléfono
— autor de «El Quijote»
— presidente de Estados Unidos
— inventores del cine
— ganador del Premio Nobel de Literatura en 1982

1. Alexander Graham Bell inventó el teléfono.
2. ....
3. ....
4. ....
5. ....
6. ....

5 Lee esta información sobre Luis Buñuel, famoso director de cine español, y escribe un párrafo sobre su vida.

Luis Buñuel (Calanda, 1900 - México, 1983). Estudios de Filosofía y Letras en Madrid. Fundador y director del primer cine-club español. Colaboración de Salvador Dalí en sus dos primeras películas (*Un perro andaluz* y *La edad de oro*). Exilio en México. Muchas películas famosas, entre ellas *Los olvidados*, *Tristana* y *Viridiana*. Ganador de la Palma de Oro del Festival de Cannes en 1961.

....

6 Escribe un párrafo sobre la vida de una persona famosa de tu país.

....

7 Escribe las palabras correspondientes y luego lee el nombre y el apellido de la columna. Se trata de un político latinoamericano muy famoso.

1. _ _ _ _ _ _ _ _ | _ | _ _ _
2. _ | _ | _ _ _ _
3. | _ | _ _ _ _
4. _ _ _ _ _ _ _ _ | _ |
5. _ _ | _ | _ _
6. _ _ | _ | _ _ _ _
7. _ _ _ | _ | _ _ _
8. _ _ _ _ | _ | _ _ _ _ _
9. | _ | _ _ _ _
10. _ _ _ _ _ _ | _ | _ _
11. _ | _ | _ _ _

1. Está en la cocina y sirve para conservar alimentos.
2. — Pues yo no estoy de acuerdo contigo. Creo que no ... razón.
3. — ¿Me ... ese libro un momento?
4. Es lo mismo que «irse a la cama».
5. — ¡... cumpleaños!
6. La necesitas para tomar sopa, por ejemplo.
7. En un ... venden tabaco, sellos, etc.
8. El sustantivo es «satisfacción»; el adjetivo, ...
9. — ¿Por qué no te ... una aspirina?
10. — Perdona por llegar tarde, pero es que he tardado mucho en ... aparcamiento.
11. — ¿Sabes ... la guitarra?

8 **Pregunta como en el modelo.**

¿Dónde / nacer?

¿Dónde nació?

1. ¿Dónde / nacer?
2. ¿Dónde / estudiar?
3. ¿En qué año / nacer?
4. ¿Con quién / casarse?
5. ¿Cuántos hijos / tener?
6. ¿En qué año / morir?
7. ¿Por qué / ser / famosa?

9 **Piensa en palabras o expresiones difíciles que has aprendido a lo largo del curso y escribe una frase con cada una de ellas.**

SOLUCIONES

LECCIÓN PREPARATORIA 1

1.

—Me llamo Luis / Marta. ¿Y tú?
—*Yo me llamo Marta / Luis.*
—¡Hola!
—*¡Hola!*

2.

08:15 — Buenos días.
23:05 — Buenas noches.
15:20 — Buenas tardes.
11:00 — Buenos días.

3.

1 letra que rima con **a**: k.
7 letras que riman con **b**: c, ch, d, e, g, p, t.
7 letras que riman con **f**: l, ll, m, n, ñ, r, s.
1 letra que rima con **u**: q.

4.

B-a-r.
E-s-p-a-ñ-o-l.
H-o-l-a.
N-o.
N-o-m-b-r-e.
M-a-ñ-a-n-a.

6.

A —lee.
B —pregunta.
C —escribe.
D —escucha.
E —marca.
F —mira.
G —habla con tu compañero.

7.

cine	adiós
teléfono	pasaporte
museo	aeropuerto
restaurante	

LECCIÓN PREPARATORIA 2

1.

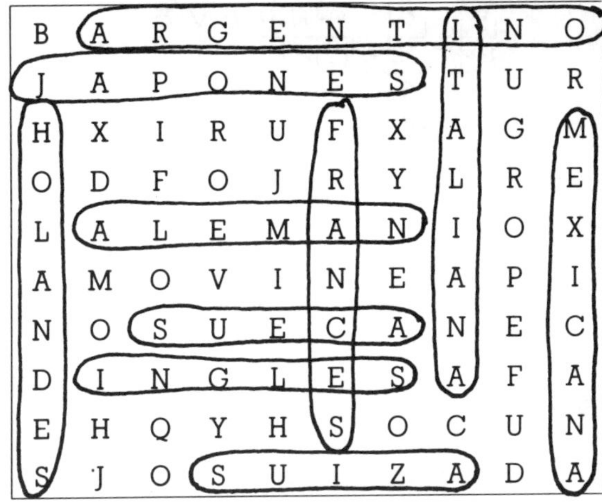

B	A	R	G	E	N	T	I	N	O
J	A	P	O	N	E	S	T	U	R
H	X	I	R	U	F	X	A	G	M
O	D	F	O	J	R	Y	L	R	E
L	A	L	E	M	A	N	I	O	X
A	M	O	V	I	N	E	A	P	I
N	O	S	U	E	C	A	N	E	C
D	I	N	G	L	E	S	A	F	A
E	H	Q	Y	H	S	O	C	U	N
S	J	O	S	U	I	Z	A	D	A

MASCULINO	FEMENINO
francés	francesa
holandés	holandesa
italiano	italiana
mexicano	mexicana
argentino	argentina
japonés	japonesa
alemán	alemana
sueco	sueca
inglés	inglesa
suizo	suiza

2.

—¿Cómo se dice «good bye» en español?
—*«Adiós».*
—¿Cómo se escribe?
—*A - d - i...*
—Más despacio, por favor.
—*A - d - i - ó - s.*
—¿Está bien así?
—*A ver... Sí, está bien.*

3.

¿Cómo te llamas?
¿De dónde eres?
¿Qué lenguas hablas?

4.

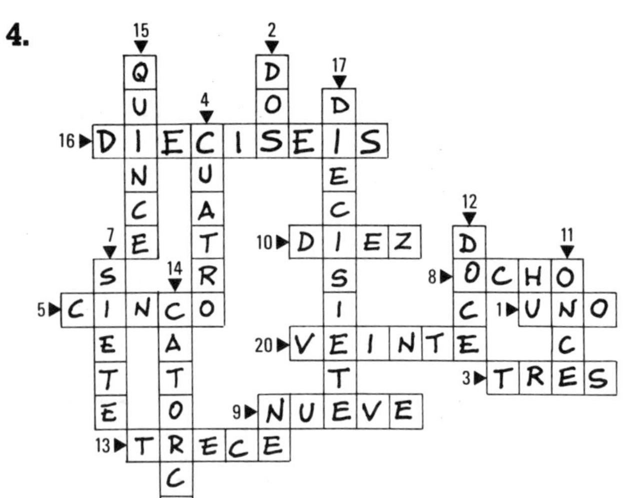

5.

Intrusos: francés, dieciséis, italiano.

6.

Posibles respuestas:

1. Macarroni — Italia.
2. Vodka — Rusia.
3. Kárate — Japón.
4. Samba — Brasil.
5. Jazz — Estados Unidos.
6. Tequila — México.
7. Rock and Roll — Estados Unidos.
8. Club — Inglaterra.
9. Reggae — Jamaica.
10. Champagne — Francia.

LECCIÓN 3

1.

A — médico.
B — secretaria.
C — dependienta.
D — camarero.
E — profesor.
F — ingeniero.

p e r i o d i s t a
1 2 3 4 5 6 7 8 9 10

2.

quince
cuarenta y nueve
trece
sesenta y siete
doce

3.

4.

1. ¿Cómo te llamas?
2. ¿De dónde eres?
3. ¿Qué haces?
4. ¿Dónde vives?
5. ¿Qué número de teléfono tienes?

5.

Posibles frases:

Soy periodista.
Soy de Bolivia.
Trabaja en Bolivia.
Trabaja en un restaurante.
Trabaja en la calle Churruca.
Hablo inglés y un poco de francés.
Estudia filosofía.
Vive en Bolivia.
Vive en la calle Churruca.

LECCIÓN 4

1.

b)

DIÁLOGO UNO

—Buenos días. ¿Qué tal está, señor Pérez?
—*Muy bien, gracias. ¿Y usted?*
—Bien también. Mire, le presento a la señora Gómez. El señor Sáez.
—Encantado.
—Mucho gusto.

DIÁLOGO DOS

—¡Hola, Gloria! ¿Qué tal?
—*Muy bien. Mira, éste es Julio, un compañero de clase. Y ésta, Cristina, una amiga.*
—¡Hola!
—¡Hola!

2.

1. Ø.
2. La.
3. Ø.
4. el.
5. la.
6. el.
7. Ø.

4.

a) 1. tú.
2. usted.
3. tú.
4. usted.
5. usted.
6. tú.
7. tú.

b)

Tú	**Usted**
¿Qué tal estás?	¿Qué tal está?
¿Eres estudiante?	¿Es estudiante?
¿Qué estudias?	¿Qué estudia?
Eres holandés, ¿verdad?	Es holandés, ¿verdad?
¿Dónde trabajas?	¿Dónde trabaja?
¿Qué lenguas hablas?	¿Qué lenguas habla?
Vives en Bilbao, ¿no?	Vive en Bilbao, ¿no?

5.

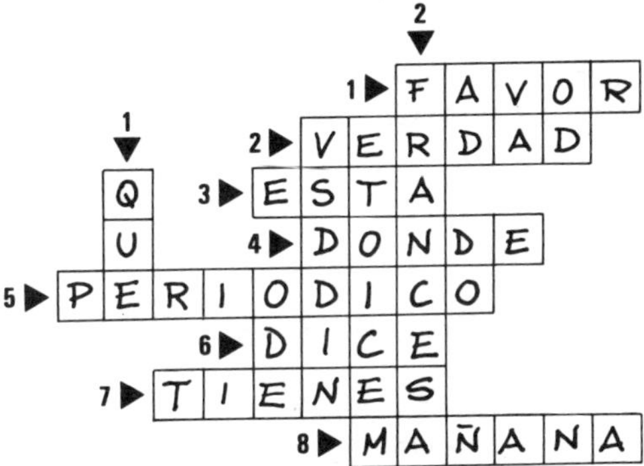

7.

a) 1. Es italiano.
2. ¿Es profesor de Física?
3. ¿Vive en Argentina?
4. ¿Estudia Medicina?
5. Trabaja en un restaurante.

LECCIÓN 5

1.

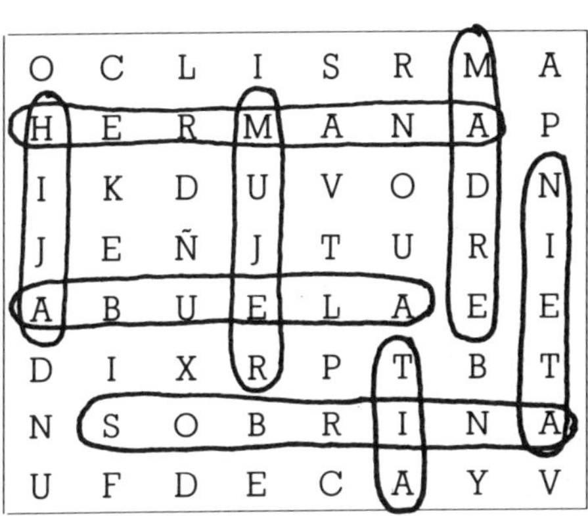

2.

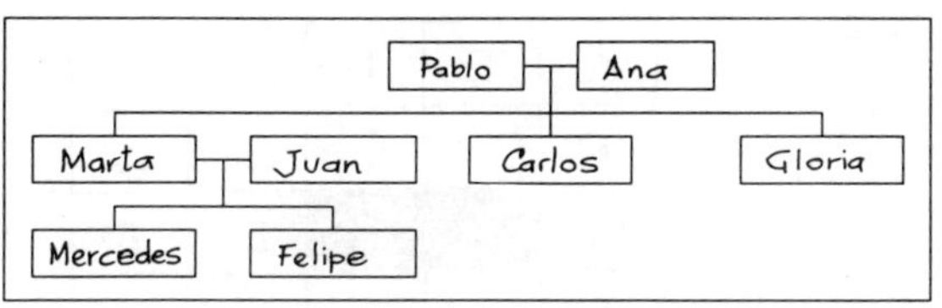

4.

Posibles frases:

1. Rodolfo es médico.
2. Es chileno.
3. Tiene treinta y ocho años.
4. Está casado.
5. Tiene cuatro hijos.
6. Es alto y moreno.

5.

1. qué.
2. Cuántos.
3. Dónde.
4. Quién.
5. Cómo.
6. Cuántos.
7. qué.

A — 2.
B — 3.
C — 7.
D — 6.
E — 4.
F — 1.
G — 5.

6.

Singular: hospital, dependiente, japonés, tía, bar, delgado, joven, madre, francés.
Plural: altas, calles, alemanas, restaurantes, hijos.

SINGULAR	PLURAL
hospital	hospitales
alta	altas
dependiente	dependientes
japonés	japoneses
tía	tías
bar	bares
calle	calles
delgado	delgados
alemana	alemanas
joven	jóvenes
restaurante	restaurantes
hijo	hijos
madre	madres
francés	franceses

7.

1. tiene.
2. Están.
3. son, tienen.
4. viven.
5. habla.
6. Tenéis.
7. Trabajan, están.

8.

A	T	I	C	A [3]
P	[1] J	O	V	L
M	■	■	E	T
I	[2] S	E	N	O
O	I	R	E	[4] S

10.

1. ¿Quién es éste?
2. Un compañero de trabajo.
3. ¿Cuántos sobrinos tienes?
4. Uno de cuatro años.
5. ¿A qué se dedica tu hermano?
6. Trabaja en un restaurante.

LECCIÓN 6

1.

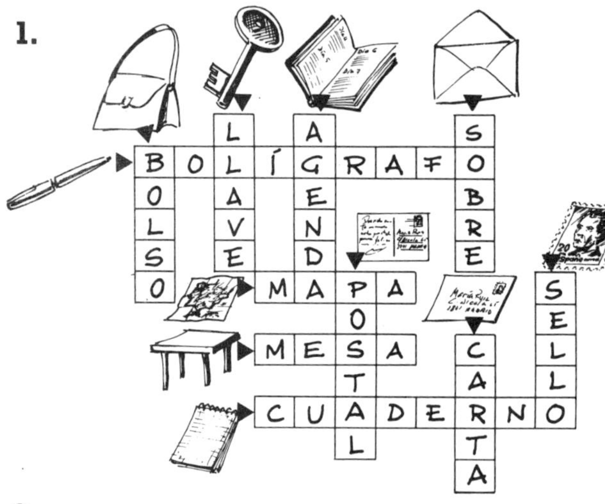

2.

cinco mil seiscientos setenta y ocho
siete mil ochocientos noventa
seis mil setecientos ochenta y nueve
ocho mil novecientos cincuenta
cuatro mil quinientos sesenta y siete

4.

1. ¿Cuál es la moneda de Bélgica?
2. ¿Qué desea?
3. ¿Tienen mapas?
4. ¿Puedo ver ése verde?
5. ¿Cuánto cuesta este bolso?

Posibles emparejamientos:

A —5.
B —1.
C —3.
D —2.
E —4.

5.

Posibles respuestas:

Japón, Bélgica, Portugal, Brasil, Suiza, Suecia
belga, inglesa, suiza, sueca
padre, madre, tío(a), sobrina, abuelo, nieto(a)
alto, bajo, gorda, guapo, rubio(a), morena
negro(a), blanco, roja, azul, gris
libro, cuaderno, lapicero/lápiz, sobre, postal

LECCIÓN 7

1.

Intrusos: playa, abuela, río, ingeniero, serio.
Capital de un país europeo: París.

2.

2. Soy de un pueblo que **es** muy famoso por sus fiestas.
3. ¿Quién **es** ese señor?
4. Mi pueblo **está** en la costa mediterránea, cerca de Valencia.
7. ¿A qué se dedica Marta?
   Es enfermera.

3.

1. de.
2. en.
3. de.
4. en.
5. de.
6. de.
7. de.
8. en, en.
9. en.
10. En, en.

4.

1. Madrid: 3.108.463.
2. Barcelona: 1.712.350.
3. Valencia: 749.574.
4. Sevilla: 669.976.
5. Zaragoza: 586.574.
6. Málaga: 555.518.

LECCIÓN 8

1.

S	U	B	E	S	I	L	L	A	D
I	C	T	R	O	V	E	K	H	E
L	P	E	V	F	A	Z	U	C	I
L	A	R	M	A	R	I	O	Ñ	C
O	X	A	B	F	A	G	L	E	A
N	U	R	O	P	Y	B	U	L	M
E	S	T	A	N	T	E	R	I	A
Q	I	L	H	U	S	F	U	P	G
O	R	M	E	S	I	L	L	A	Y

2.

Cocina: lavadora, cocina de gas, frigorífico, silla.
Dormitorio: silla, armario, mesilla, cama.
Baño: lavabo, ducha, bañera.
Salón: televisión, silla, estantería, sillón, sofá.

3.

interior ≠ exterior
pequeña ≠ grande
nueva ≠ vieja
feo ≠ bonito
moderna ≠ antigua
ancha ≠ estrecha
barato ≠ caro
delgado ≠ gordo

Sobran: tranquila, inteligente, famosa, gracioso.

4.

«Mi piso es bastante grande. Tiene cuatro habitaciones, salón, cocina y baño. También tiene dos terrazas, pero muy pequeñas. Es bastante antiguo y muy bonito. Además, da a una plaza muy tranquila y tiene mucha luz. Lo malo es que es un cuarto piso y no tiene ascensor.»

6.

1. entre.
2. izquierda.
3. detrás.
4. debajo.
5. en.
6. delante.
7. encima.
8. derecha.

7.

a)

1. Verdadera.
2. Falsa.
3. Falsa.
4. Verdadera.
5. Falsa.
6. Verdadera.

b)

2. El perro y el niño están a la izquierda del árbol.
3. La abuela está delante del abuelo.
5. El perro está encima del periódico.

8.

Posibles respuestas:

EN EL DIBUJO DE LA IZQUIERDA	EN EL DIBUJO DE LA DERECHA
El niño está al lado del sofá.	El niño está al lado de la mesa.
El gato está a la izquierda de la mesa.	El gato está a la derecha de la mesa (entre la mesa y la mesita).
El teléfono está encima de la mesita.	El teléfono está en el suelo (entre la mesita y el sofá).
El periódico está encima de la mesita.	El periódico está debajo de la mesita.
La silla está detrás de la mesa.	La silla está delante de la mesa.

LECCIÓN 9

1.

1. museo.
2. farmacia.
3. estación de Metro.
4. aparcamiento.
5. parada de autobús.
6. café.
7. estanco.
8. cine.

2.

1. está.
2. hay, hay.
3. está.
4. hay.
5. está.
6. está.

3.

1. —¿La calle de Atocha, por favor?
2. —¿Sabes dónde hay un estanco?
   • *Sí, mira, hay uno enfrente de ese quiosco.*
3. —El Banco Exterior está por aquí, ¿verdad?
4. —Oye, perdona, ¿sabes dónde hay una parada de autobús?
   • *Sí, en la siguiente calle hay una.*
5. —¿La plaza Real está por aquí?

6. —Perdone, ¿sabe dónde está el Teatro Romea?
7. —Perdona, ¿el Café Central está por aquí?
8. —Oiga, perdone, ¿hay un aparcamiento por aquí cerca?
   - *Sí, hay uno en esta misma calle, un poco más adelante.*

4.

a)

1. usted.
2. tú.
3. usted.
4. tú.
5. usted.
6. usted.

b)

Tú	**Usted**
Cruza la plaza de los Claveles.	Cruce la plaza de los Claveles.
Sigue todo recto.	Siga todo recto.
Coge la primera a la derecha.	Coja la primera a la derecha.
Oye, perdona, ¿el paseo Rosales está por aquí?	Oiga, perdone, ¿el paseo Rosales está por aquí?
Gira la segunda a la izquierda.	Gire la segunda a la izquierda.
¿Sabes dónde hay una cabina de teléfono?	¿Sabe dónde hay una cabina de teléfono?

6.

1.53 Las dos menos siete minutos.
1.35 Las dos menos veinticinco.
5.13 Las cinco y trece minutos.
5.31 Las seis menos veintinueve minutos.
3.15 Las tres y cuarto.
3.51 Las cuatro menos nueve minutos.

8.

a)

1. Verdadero.
4. Falso.
5. Verdadero.
6. Verdadero.
7. Falso.

b)

Posibles frases verdaderas:

4. Una hora tiene tres mil seiscientos segundos.
   Un minuto tiene sesenta segundos.
7. El miércoles no es un día del fin de semana.
   El sábado es un día del fin de semana.
   El domingo es un día del fin de semana.

LECCIÓN 10

1.

S	R	O	L	E	E	R	P	Y
M	A	Q	E	S	G	Y	A	L
E	F	L	B	Ñ	U	O	M	X
A	V	U	I	C	A	P	U	F
T	E	A	T	R	O	H	S	O
E	K	E	I	B	N	V	I	Q
N	U	X	G	C	O	J	C	U
I	T	O	B	A	I	L	A	R
S	H	Ñ	E	P	C	I	N	E

2.

1. gusta.
2. gusta.
3. gustan.
4. gusta.
5. gusta.
6. gustan.
7. gustan.
8. gusta.
9. gustan.
10. gusta.
11. gusta.

3.

Marta: ¿Te gusta ver la televisión?
Óscar: Sí. ¿Y a ti?
Marta: A mí no.

Rosa: ¿Te gusta el cine?
Marta: Sí. ¿Y a ti?
Rosa: A mí también.

Rosa: ¿Te gusta leer?
Óscar: No. ¿Y a ti?
Rosa: A mí sí.

Marta: ¿Te gusta el tenis?
Rosa: No. ¿Y a ti?
Marta: A mí tampoco.

Óscar: ¿Te gusta el rock?
Rosa: No. ¿Y a ti?
Óscar: A mí sí.

Óscar: ¿Te gusta el teatro?
Marta: No. ¿Y a ti?
Óscar: A mí tampoco.

4.

1. ¿Te gusta jugar al tenis?
2. No nos gusta nada esquiar.
3. ¿Os gusta la música pop?
4. A nosotros nos encantan los gatos.
5. A mí no me gusta nada el rock.
6. A mis padres les encanta bailar.
7. ¿Le gusta la música clásica?
8. A mi abuelo le gusta mucho la televisión.

LECCIÓN 11

1.

1. comer.
2. volver.
3. empezar.
4. ir.
5. levantarse.
6. desayunar.
7. cenar.
8. acostarse.
9. terminar.
10. trabajar.

2. Regulares: comer, levantarse, desayunar, cenar, terminar, trabajar.
Irregulares: volver, empezar, ir, acostarse.

3.

1. ¿A qué hora te levantas?
2. ¿Desayunas en casa?
3. ¿Trabajas cerca de casa?
4. ¿A qué hora empiezas a trabajar?
5. ¿Trabajas por la tarde?
6. ¿Te acuestas muy tarde?
7. ¿A qué hora terminas de trabajar?

4. **Posible texto:**

Elisa es enfermera, trabaja en un hospital. Se levanta a las siete menos cuarto y empieza a trabajar a las ocho. Todos los días come a la una y media en el restaurante del hospital con algunos compañeros de trabajo. Termina de trabajar a las cinco en punto y después va a clase de inglés. Luego vuelve/va a casa y cena con su familia. Normalmente se acuesta bastante pronto, sobre las once.

5. **Posibles preguntas:**

Tú: ¿A qué te dedicas?
Elisa: Trabajo en un hospital, soy enfermera.
Tú: ¿A qué hora te levantas?
Elisa: A las 6.45 de la mañana.
Tú: ¿Y a qué hora empiezas a trabajar?
Elisa: A las 8 h.
Tú: ¿Dónde comes?
Elisa: En el restaurante del hospital.
Tú: ¿A qué hora terminas de trabajar?
Elisa: A las cinco de la tarde.
Tú: ¿Y qué haces después/luego?
Elisa: Voy a clase de inglés.
Tú: ¿Dónde cenas?
Elisa: En casa.
Tú: ¿Te acuestas (muy) tarde?
Elisa: No, sobre las once de la noche.

7.

1. ¿Comes en casa?
2. No, en el restaurante de mi trabajo.
3. ¿Trabajas por la tarde?
4. Sí, hasta las cinco y cuarto.
5. ¿Te acuestas muy tarde?
6. Los fines de semana, sí.

LECCIÓN 12

1.

Hacer la limpieza.
Hacer la compra.
Hacer deporte.
Escuchar la radio.
Jugar al tenis.
Jugar al fútbol.
Ver la televisión.
Comer fuera.
Ir al campo.
Ir de compras.
Ir de copas.
Ir al cine.

2.

Actividades de tiempo libre: esquiar, pasear, ir a conciertos, ir al teatro, ver exposiciones.
Días de la semana: viernes, domingo, jueves, lunes, miércoles.
Cosas que hacemos todos los días: comer, acostarse, desayunar, cenar, levantarse.
Adverbios de frecuencia: nunca, a veces, normalmente, a menudo, siempre.

3.

«Pues el domingo es un día muy tranquilo. Normalmente nos levantamos bastante tarde. Después salimos a comprar el periódico y nos damos una vuelta o vamos a ver alguna exposición. Siempre tomamos el vermút fuera y luego comemos en algún restaurante o con nuestras familias. Por la tarde siempre nos quedamos en casa y escuchamos música o vemos alguna película en el vídeo o en la televisión. A veces vienen algunos amigos nuestros a pasar la tarde con nosotros, pero no salimos nunca, pues no nos gusta nada el ambiente de los domingos por la tarde.»

Palabras o expresiones que significan:

— **beber**: tomar
— **pasear**: darse una vuelta
— **aperitivo**: vermú.

4.

Posibles respuestas:

— Se levantan bastante tarde.
— Salen a comprar el periódico.
— Se dan una vuelta o van a ver alguna exposición.
— Toman el vermú fuera.
— Comen en algún restaurante o con sus familias.
— Por la tarde se quedan en casa.
— Por la tarde escuchan música o ven alguna película en el vídeo o en la televisión.

5.

1. Tú vas a muchos conciertos, ¿verdad?
2. ¿Qué haces los sábados por la tarde?
3. ¿A qué hora vuelves a casa normalmente?
4. Tú te quedas en Madrid muchos fines de semana, ¿no?
5. Mi hermana pequeña va mucho a bailar.
6. Normalmente salgo de casa bastante pronto.
7. ¡Mi marido se levanta a las seis de la mañana todos los días!

6.

1. ¿Os acostáis muy tarde los domingos?
2. Los sábados nos levantamos bastante tarde.
3. ¿Veis mucho la televisión?
4. ¿Os gusta montar en bicicleta?
5. ¿Cuándo hacéis la compra?
6. Mis padres se levantan bastante pronto.
7. ¿Trabajan los fines de semana?
8. Ana y Pepe hacen mucho deporte los fines de semana.
9. ¿Les gusta esquiar?
10. ¿Salís mucho?

LECCIÓN 13

1.

Posibles respuestas:

Profesiones: camarero, taxista, maestro(a), médico(a), dentista, músico.
Medios de transporte: avión, tren, Metro, tranvía, moto.

3.

Nombre	Profesión	Lugar de trabajo	Medio de transporte
Begoña	peluquera	peluquería	Metro
Helena	maestra	escuela	autobús
Lola	azafata	avión	coche

4.

Posibles respuestas:

1. Va a clase de inglés dos días a la semana (o por semana).
2. Visita a su familia todos los sábados (o cada sábado).
3. Hace gimnasia dos veces al día.
4. Hace los deberes cinco días a la semana (o por semana).
5. Cambia de trabajo cada dos años.
6. Va al cine dos días a la semana (o por semana).
7. Coge vacaciones una vez al año.

5.

1. Juana es maestra.
2. Ángela es dependienta.
3. Nuria es escritora.

7.

1. ¿Cómo vienes a la universidad?
2. En coche, con unos amigos.
3. ¿Qué es lo que más te gusta de la clase?
4. Que hacemos muchas cosas diferentes.
5. ¿Y lo que menos?
6. Escuchar cintas.

LECCIÓN 14

1.

Intrusos: roja, entre, tarde, mano, otra.
Medio de transporte: Metro.

2.

1. Tu profesora es muy joven, ¿verdad?
2. ¿Tienes mucho frío?
3. Hoy estás muy contenta, ¿no?
4. ¿Te duele mucho?
5. A mi padre le gusta mucho el rock.
6. Pues yo soy de un pueblo muy pequeño.
7. Tu hermano es muy simpático, ¿eh?
8. ¿Estudias mucho?
9. Me duele mucho este pie.
10. Dice que tiene mucho calor y que le duele bastante la cabeza.

3.

1. Me duelen los oídos.
2. Me duele el estómago.
3. Estoy resfriado.
4. Tengo fiebre.
5. Me duelen los ojos.
6. Tengo la gripe.

4.

Posibles diálogos:

A

— ¡Tengo treinta y ocho de fiebre!
- *¿Y por qué no te vas a la cama?*

— Sí, si sigo así...

B

— Tengo un dolor horrible en la espalda...
- *¿Te doy un masaje?*

— ¡Ay, sí!, por favor.

C

— Me duelen muchísimo las muelas.
- *¿Quieres un calmante?*

— ¿Un calmante? Es que prefiero no tomar nada...

D

— Estoy resfriado.
- *¿Por qué no te tomas un vaso de leche con coñac?*

— Es que no me gusta el coñac.

5.

1. — ¿Cómo venís a clase?
   - *Andando.*
2. — ¿A qué hora empiezas a trabajar?
   - *A las siete de la mañana.*
3. — ¿Vosotros también tenéis un mes de vacaciones?
   - *No, tenemos dos.*
4. — ¿Quiere una aspirina?
   - *Es que prefiero no tomar nada.*

6.

Palabras o expresiones del anuncio que significan:

pronto: temprano.
hace deporte: realiza ejercicio.
al día: diarias.

LECCIÓN 15

1.

1. Sí, soy yo.
2. Un momento, ahora se pone.
3. ¿De parte de quién?
4. En este momento no puede ponerse.
5. No, no es aquí. Se equivoca.
6. ¿Está Rosa?
7. No, no está. Volverá más tarde.

2.

	Nombre o título	¿Dónde?	¿Cuándo?
1. Una exposición de dibujos.	Séptima cita con el dibujo	Alfama	Todos los días laborables, excepto lunes por la mañana
2. Un restaurante italiano.	La Trovata	Jorge Juan, n.° 29	....
3. Un concierto de música de origen africano.	Afro-Brass	Siroco	El sábado, día 6, a las 22 h.
4. Una película china en versión original.	Semilla de crisantemo (Ju Dou)	Renoir	No se sabe

4.

1. — ¿Quieres venir a dar una vuelta?
   - *Vale. De acuerdo.*
2. — ¿Vamos al teatro esta noche?
   - *Esta noche no puedo. Es que tengo que estudiar. Pero si quieres mañana...*

   — Es que mañana yo no puedo.

5.

1. Vale. ¿Y qué podemos hacer?
2. Es que no me va bien tan pronto.
3. Perfecto. Entonces quedamos a las once menos cuarto en la puerta.
4. ¡Ah! Muy bien. ¿A qué hora empieza?

7.

Irregularidad **o → ue:** poder, acordarse, dormir, volver, acostarse.
Irregularidad **e → ie:** venir, preferir, empezar, entender, tener, cerrar, querer.

Infinitivo	**Presente de Indicativo**			
poder	yo	puedo	nosotros	podemos
preferir	tú	prefieres	vosotros	preferís
acordarse	él	se acuerda	ellos	se acuerdan
entender	yo	entiendo	nosotros	entendemos
dormir	tú	duermes	vosotros	dormís
venir	usted	viene	ustedes	vienen
empezar	yo	empiezo	nosotros	empezamos
volver	él	vuelve	ellos	vuelven
cerrar	ella	cierra	ellas	cierran
tener	tú	tienes	vosotros	tenéis
acostarse	usted	se acuesta	ustedes	se acuestan
querer	yo	quiero	nosotros	queremos

LECCIÓN 16

1.

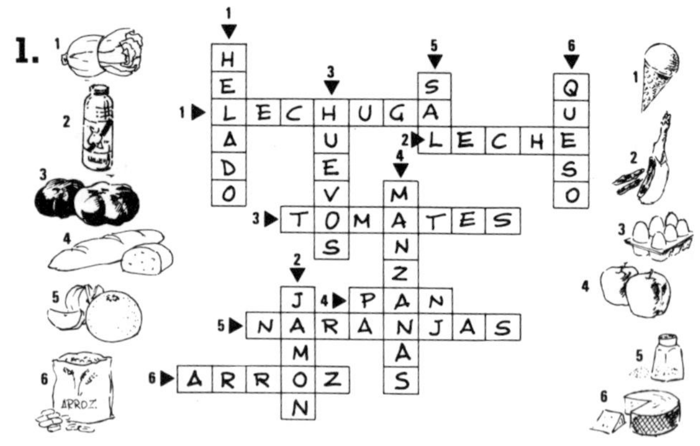

2. Una lechuga, un helado.
Una botella de leche.
Un kilo de tomates, un kilo de naranjas, un kilo de manzanas, (un kilo de jamón), (un kilo de queso).
Un paquete de arroz, un paquete de sal.
Un trozo de jamón, un trozo de queso.
Una docena de huevos.
Una barra de pan.

3.

Sardinas: 2;	naranjas: 5;
plátanos: 5;	chorizo: 6;
chuletas: 1;	huevos: 4;
pollo: 4;	pan: 3;
merluza: 2;	jamón: 6;
queso: 6.	

4.

PLATO	CUCHILLO	VASO	TAZA
1	2	3	4 5
TENEDOR	CUCHARA	SERVILLETA	
6	7	8	

Una cosa que desayuna mucha gente: TOSTADAS
12345678

5.

6.

Carne: pollo, jamón, chuletas de cordero.
Pescado: sardinas, trucha, merluza.
Fruta: naranjas, plátanos, manzanas.
Verdura: lechuga, tomates, cebollas.
Bebidas: vino, cerveza, agua.

7.

—¿Qué va a tomar?
- *¿Cómo es el arroz a la cubana?*

—Pues lleva arroz, tomate, un huevo y un plátano fritos.
- *Entonces arroz a la cubana y, de segundo... merluza a la romana con ensalada.*

—¿Y para beber?
- *Agua, agua mineral con gas.*

—¿Qué va a tomar de postre?
- *Tarta de queso.*

8.

Orden: B, D, A, E, G, F, C.

9.

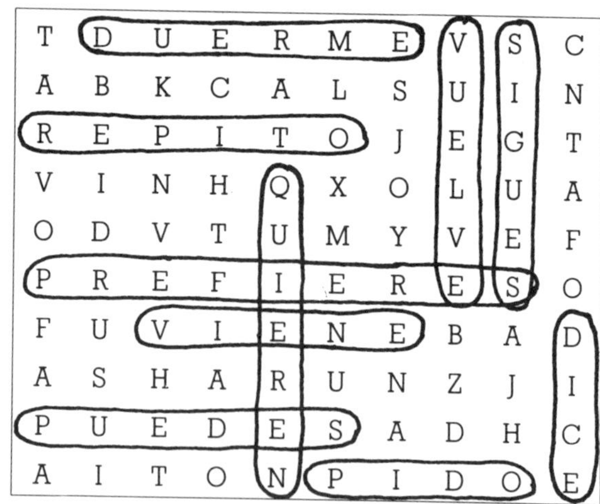

T	D	U	E	R	M	E	V	S	C
A	B	K	C	A	L	S	U	I	N
R	E	P	I	T	O	J	E	G	T
V	I	N	H	Q	X	O	L	U	A
O	D	V	T	U	M	Y	V	E	F
P	R	E	F	I	E	R	E	S	O
F	U	V	I	E	N	E	B	A	D
A	S	H	A	R	U	N	Z	J	I
P	U	E	D	E	S	A	D	H	C
A	I	T	O	N	P	I	D	O	E

Irregularidad **e → i:** repetir, pedir, seguir, decir.
Irregularidad **e → ie:** preferir, venir, querer.
Irregularidad **o → ue:** dormir, poder, volver.

10.

1. Falsa. Hay 3.775 restaurantes.
2. Verdadera.
3. Verdadera.
4. Verdadera.
5. Falsa. Va un 16 % más de hombres que de mujeres.

LECCIÓN 17

1. Camisa, chaqueta, falda, camiseta, medias, vaqueros, pantalones, vestido, traje, cazadora, braga (o abrigo), calcetines.

2. Posibles respuestas:

EN EL DIBUJO DE LA IZQUIERDA	EN EL DIBUJO DE LA DERECHA
El señor lleva una chaqueta.	El señor lleva una cazadora.
La señora lleva unos pantalones y una blusa.	La señora lleva un vestido.
La señora lleva unos zapatos.	La señora lleva unas botas.
El chico lleva una camisa.	El chico lleva una camiseta.
La chica lleva un jersey.	La chica no lleva jersey.
El niño lleva unos pantalones largos.	El niño lleva unos pantalones cortos.

6. Intrusos:

1. oscuras; 2. queso; 3. sueño; 4. árbol; 5. campo.

INTRUSO	CAUSA
Oscuras	Es adjetivo, pero plural.
Queso	No es un color.
Sueño	No es una prenda de vestir.
Árbol	No es una cosa de la clase.
Campo	No es un material.

7. Posibles preguntas:

¿De qué es?
¿Para quién es?
¿De qué talla lo quiere?
¿Cómo lo quiere?
¿Qué tal le queda?
¿Qué desea?

8.

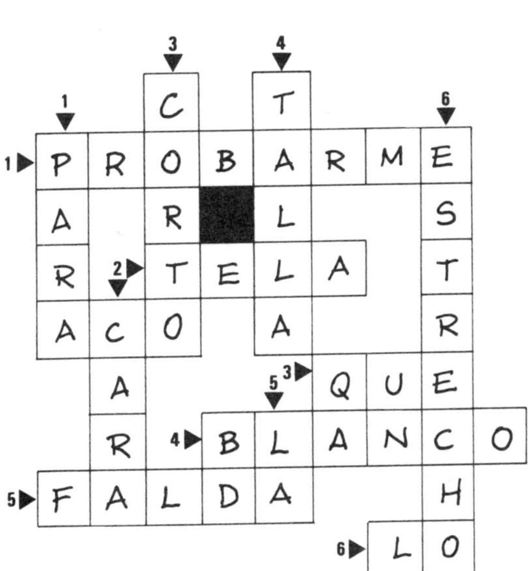

9.

1. ¿De qué color las quiere?
2. ¿De qué talla la quiere?
3. ¿De qué número los quiere?
4. ¿De qué talla los quiere?
5. ¿De qué color lo quiere?
6. ¿De qué color los quiere?
7. ¿De qué número las quiere?
8. ¿De qué color las quiere?

LECCIÓN 18

1.

1. PELICULAS
2. DICIENDO
3. MIERCOLES
4. CERVEZA
5. ARMARIO
6. NUNCA
7. ESTOMAGO
8. FELICIDADES
9. SENTANDOSE

2.

Posibles respuestas:

1. Laura está hablando con un chico.
2. Julián está bailando.
3. Rita está comiendo canapés.
4. Ricardo está quitándose la chaqueta.
5. María está bebiendo vino.

4.

— ¡Feliz cumpleaños y que pases un buen día!
- *Gracias, Eva.*

— Mira, esto es para ti.
- *Humm... muchísimas gracias. A ver, a ver qué es... ¡Una pulsera! ¡Qué bonita!*

— ¿Te gusta?
- *Me encanta. Es preciosa...*

5.

a)

FEBRERO, OCTUBRE, AGOSTO, NOVIEMBRE, ABRIL, JULIO, ENERO, DICIEMBRE, JUNIO, MAYO, SEPTIEMBRE, MARZO.

b)

1. enero; 2. febrero; 3. marzo; 4. abril; 5. mayo; 6. junio; 7. julio; 8. agosto; 9. septiembre; 10. octubre; 11. noviembre; 12. diciembre.

7.

1. Esa camisa es de algodón, ¿verdad?
2. Dice que está muy enfadada y no quiere hablar con nadie.
3. Tu hermana mayor es médica, ¿verdad?
4. Mira, ésa de rojo es mi vecina.
5. No estoy seguro, pero creo que Soria no está muy lejos de Madrid.
6. Tu cumpleaños es en abril, ¿verdad?
7. Pues mira, ahora no puede ponerse, está duchándose.
8. ¿Sabes qué día es hoy?
9. ¡Qué buena está esta tortilla!
10. ¡Uff...! ¡Es ya la una y media! / ¡Ya es la una y media!

9.

1. Me quedan muy bien, ¿verdad?
2. Te quedan estupendamente.
3. ¿Qué día es tu cumpleaños?
4. El diez de noviembre.
5. ¿Quieres un poco más de merluza?
6. No, de verdad, gracias. Es que no puedo más.

LECCIÓN 19

1.

J	O	S[7]	E	M	A
O[6]	I	Z[3]	A	P	N
R	P	C[1]	A	A	A[8]
E	A	■	R	T	B
N	L[2]	E	T	O	I
E[5]	R	B	O	S[4]	E
O	D	I	O[9]	T	R

2.

1 - segundo; 2 - minuto; 3 - hora; 4 - día; 5 - semana; 6 - mes; 7 - trimestre; 8 - semestre; 9 - año; 10 - siglo.

3.

Infinitivo	Presente (1.ª persona singular)	Gerundio	Participio
empezar	empiezo	empezando	empezado
leer	leo	leyendo	leído
decir	digo	diciendo	dicho
comer	como	comiendo	comido
hacer	hago	haciendo	hecho
volver	vuelvo	volviendo	vuelto
poner	pongo	poniendo	puesto
pedir	pido	pidiendo	pedido
escribir	escribo	escribiendo	escrito
ver	veo	viendo	visto
esperar	espero	esperando	esperado
dormir	duermo	durmiendo	dormido

4.

1. Todos los días me levanto a las ocho, pero hoy me he levantado a las nueve.
2. Normalmente vengo en coche, pero hoy he venido en metro.
3. Todas las semanas escribo muchas cartas, pero ésta sólo he escrito una.
4. Siempre vuelvo pronto a casa, pero hoy he vuelto tarde.
5. Todos los días hago muchas cosas, pero hoy no he hecho nada.
6. Todos los días empiezo a trabajar a las nueve, pero hoy he empezado a las diez.
7. Todas las semanas veo varias películas, pero ésta sólo he visto una.

5.

Posibles frases:

Se ha levantado a las ocho.
Ha puesto música (o ha escuchado música).
Se ha lavado.
Se ha duchado.
Ha hablado por teléfono con...
Ha quedado con...

7.

—Perdona por llegar tarde, pero es que no he oído el despertador.
• *¡Bah! Es igual.*
—Lo siento, de verdad.
• *No te preocupes, hombre, no tiene importancia.*

LECCIÓN 20

1.

1 - entrar; 2 - lejos; 3 - viendo; 4 - calendarios; 5 - coche; 6 - digo.

INTRUSO	CAUSA
Entrar	Es un verbo, no una preposición.
Lejos	No expresa frecuencia.
Viendo	Es gerundio, no presente.
Calendarios	No es un adjetivo.
Coche	Es un sustantivo pero no plural.
Digo	Es presente, no participio.

2.

Posibles preguntas:

¿Has hablado alguna vez con un famoso?
¿Has ido alguna vez en barco?
¿Has ido alguna vez a Roma?
¿Has ido alguna vez a Estados Unidos?
¿Has jugado alguna vez al golf?
¿Has bebido alguna vez tequila?
¿Has tocado alguna vez un saxofón?
¿Has estado alguna vez en Roma?
¿Has estado alguna vez en Estados Unidos?
¿Has escrito alguna vez un poema?
¿Has visto alguna vez a un famoso?
¿Has visto alguna vez un ovni?

4.

Posibles respuestas:

1. a) Ya ha empezado la carrera de Medicina.
   b) Todavía no ha terminado sus estudios.
2. a) Ya ha cenado.
   b) Todavía no se ha acostado.
3. a) Ya ha ido a comer.
   b) Todavía no ha vuelto.
4. a) Ya ha salido de casa.
   b) Todavía no ha cogido el autobús.
5. a) Ya se ha acostado.
   b) Todavía no se ha dormido.

6.

1. Yo estoy de acuerdo contigo.
2. Yo creo que Marisa tiene razón.
3. ¿Estás de acuerdo con Jesús?
4. Pues yo creo que no tienes razón.

LECCIÓN 21

1.

Posibles respuestas:

VIAJES	CLIMA
Billete	Sol
Ida	Calor
Vuelta	Viento
Vuelo	Niebla
Reserva	Llueve/llover
Estación	Nieva/nevar

2.

Posible diálogo:

— Buenos días. ¿Qué trenes hay para Sevilla?
• *Hay uno a las diez y cuarto y otro a las doce y veinte.*
— ¿A qué hora llega el de las diez y cuarto?
• *A las quince cuarenta.*
— ¿Y el de las doce y veinte?
• *A las diecisiete cuarenta y cinco.*
— Pues deme un billete para el de las diez y cuarto.
• *¿Fumador o no fumador?*
— No fumador.
• *Son tres mil doscientas cuarenta pesetas.*
— ¿De qué vía sale?
• *De la vía nueve.*

3.

1. El Talgo de Granada acaba de salir.
2. ¿A qué hora llega el de las ocho y cinco?
3. ¿El Intercity de Valencia pasa por Toledo?
4. ¿Para qué día lo quiere?
5. ¿A qué vía llega el Talgo de Barcelona?
6. Deme dos billetes con litera.
7. ¿A qué hora sale el autobús de Valencia?

4.

2. En las cuatro estaciones del año.
3. Más de treinta.
4. El viaje en tren, hotel en régimen elegido, excursiones y visitas.
5. En todas las agencias de viajes.

5.

Posibles frases:

1. ¿Qué tiempo hace en Madrid en verano?
2. Hace mucho calor.
3. ¿Y en invierno?
4. Hace mucho frío, pero no llueve mucho.
5. ¿Nieva alguna vez?
6. No, no nieva casi nunca.

6.

Posibles emparejamientos:

sol — ponerse un sombrero
templado — pasear
nieve — esquiar
lluvia — coger el paraguas
frío — quedarse en casa
buen tiempo — ir de camping

7.

Posibles emparejamientos:

1 — b; 2 — g; 3 — e; 4 — a; 5 — c; 6 — f; 7 — j; 8 — d; 9 — k; 10 — h; 11 — i.

8.

1. Dice que habla alemán muy bien.
2. Ya sabes que no le gustan mucho las motos.
3. Pues yo voy a la playa muchos fines de semana.
4. Tu pueblo está muy cerca de aquí, ¿verdad?
5. Esta mañana he estado en el mercado y he comprado muchas cosas.
6. Oye, estos macarrones están muy buenos, ¿eh?
7. En tu pueblo llueve mucho, ¿no?
8. Él dice que no, pero la verdad es que come muchas galletas.
9. Yo, los viernes, me acuesto muy tarde.
10. En Moscú hay muchos parques, ¿verdad?
11. Yo, el café, lo prefiero con mucho azúcar.
12. Los sábados por la mañana hay mucha gente comprando en el mercado.

LECCIÓN 22

1.

1. LLAMADA
2. REGRESO
3. CONTINUACION
4. VISITA
5. LLEGADA
6. VIAJE
7. IDA
8. SALIDA
9. VUELTA
10. COMIENZO

3.

1. ¿Qué vas a hacer este fin de semana?
2. Hoy he llegado tarde a clase.
3. Estoy cansadísimo. Me parece que esta noche no voy a salir.
4. ¿Sabes a quién he visto esta mañana?
5. La semana que viene no voy a trabajar.
6. Pues yo no he estado nunca en Londres.
7. ¿Tú te acuestas muy tarde?
8. Hoy he ido a trabajar en taxi, es que me he despertado tardísimo.

4.

Tengo que llamar al dentista para pedir hora.
Tengo que ver a Felipe para decirle unas cosas.
Tengo que hablar contigo para preguntarte una cosa.
Tengo que llamar al restaurante para reservar mesa.
Tengo que hablar con ellos para comentarles este asunto.
Tengo que llamar a la agencia de viajes para anular el billete.

5.

Para ser un buen ciclista hay que entrenarse mucho.
Si quieres estar en forma tienes que hacer deporte.
Para ser presidente del gobierno hay que ganar las elecciones generales.
Si quieres estudiar en la universidad tienes que aprobar el examen de ingreso.
Para ser un buen relaciones públicas hay que ser muy extrovertido.
Para poder bañarse hay que ir a la playa o a la piscina.
Si quieres estar muy moreno tienes que tomar mucho el sol.

6.

1. Ya ha recogido el visado.
2. Todavía tiene que cambiar dinero.
3. Todavía tiene que comprar carretes de fotos.
4. Ya ha recogido el billete.
5. Todavía tiene que hacer las maletas.
6. Todavía tiene que comprar una guía turística.
7. Todavía tiene que llamar a un taxi para mañana.
8. Ya ha llamado al despertador automático.

9.

1. ¿Vas a salir esta noche?
2. Sí, voy a ir al cine.
3. ¿Y qué película vas a ver?
4. «El día más largo».
5. ¡Ah! Es muy buena.

LECCIÓN 23

1.

E	N	C	E	N	D	E	R	B
B	U	T	S	O	Z	I	L	O
G	A	C	E	P	T	A	R	G
J	K	E	H	I	R	O	P	A
T	E	R	M	I	N	A	R	N
U	L	R	L	F	Y	P	Z	A
H	E	A	S	U	B	I	R	R
P	S	R	G	V	J	H	U	Ñ
Q	U	I	T	A	R	F	A	I

2.

Infinitivo	Imperativo (tú)	Imperativo (usted)
entrar	entra	entre
comer	come	coma
abrir	abre	abra
repetir	repite	repita
estudiar	estudia	estudie
empezar	empieza	empiece
hacer	haz	haga
volver	vuelve	vuelva
esperar	espera	espere
venir	ven	venga

LECCIÓN 24

1.

1. comieron
2. viví
3. hizo
4. conociste
5. compraron
6. empezasteis
7. estuvimos
8. llegué
9. escribió
10. fuisteis
11. cogimos
12. estudiasteis

2.

Infinitivo	Presente	Pretérito indefinido
cenar	ceno	cené
venir	venimos	vinimos
hacer	hacen	hicieron
ser	eres	fuiste
ir	vas	fuiste
regalar	regalamos	regalamos
hablar	habla	habló
beber	bebéis	bebisteis
estar	están	estuvieron
ver	ve	vio
recibir	recibimos	recibimos
dejar	dejáis	dejasteis
volver	volvemos	volvimos

3.

a)

Posibles respuestas: fueron — ser; viajaron — viajar; decidió — decidir; hizo — hacer; situó — situar; fue — ir; desplazó — desplazar; realizó — realizar; pudieron — poder; decidieron — decidir.

b)

1. Falsa. Es una noticia sobre los viajes de los españoles en los períodos de vacaciones del año 1990.
2. Verdadera.
3. Falsa. El 53,4% de los españoles se fue de vacaciones.
4. Verdadera.
5. Verdadera. Se fue de vacaciones el 31,8% de los gallegos y el 71,8% de los vascos.

4.

Posible texto:

Fue en tren. Salió de Soria a las 16.30 h. y llegó a Madrid a las 19.43 h. El viaje duró un poco más de tres horas y le costó 1.485 pesetas. Posiblemente fumó durante el viaje.

5.

1 — el año pasado; 2 — en junio; 3 — hace tres días/semanas/...; 4 — la semana pasada; 5 — en 1987; 6 — ayer por la tarde; 7 — el 10 de agosto; 8 — el jueves por la noche; 9 — en octubre de 1990; 10 — el domingo.

7.

a)

Posibles preguntas:

1. ¿Qué tal el fin de semana?
2. ¿Dónde estuvisteis de vacaciones el año pasado?
3. ¿Te acostaste muy tarde ayer?
4. ¿A qué hora salisteis de Pamplona?
5. ¿Qué tal ayer en casa de Concha?
6. ¿Cuánto te costó el billete?
7. ¿Saliste el viernes por la noche?

b)

A — 2; B — 4; C — 1; D — 3; E — 6; F — 7; G — 5.

LECCIÓN 25

1.

E	N	D	I	M	O	S
T	F	O	R	M	A	S
N	N	A	L	I	3 O	T
8 E	5 I	2 S	1 F	U	L	6 E
D	C	I	■	I	V	X
U	A	E	T	S	I	P
L	4 N	O	R	A	D	L
A	7 S	O	M	A	C	I

2.

Posible orden:

1 - nacer; 2 - enamorarse; 3 - casarse; 4 - tener un hijo; 5 - divorciarse; 6 - jubilarse; 7 - morirse.

3.

a)

1. ¿Dónde conociste a tu profesor(a) de español?
2. ¿En qué año naciste?
3. ¿Adónde fuiste de vacaciones el verano pasado?
4. ¿En qué año entraste en el colegio?
5. ¿Dónde viviste entre 1988 y 1991?
6. ¿Con quién vives ahora?

4.

1. Alexander Graham Bell inventó el teléfono.
2. Jimmy Carter fue presidente de Estados Unidos.
3. Cristóbal Colón descubrió América.
4. Los hermanos Lumière inventaron el cine.
5. Gabriel García Márquez ganó el Premio Nobel de Literatura en 1982.
6. Cervantes escribió «El Quijote».

5.

Posible texto:

Luis Buñuel nació en Calanda en el año 1900 y murió en México en 1983. Estudió Filosofía y Letras en Madrid. Fundó y dirigió el primer cine-club español. El pintor Salvador Dalí colaboró en sus dos primeras películas (*Un perro andaluz* y *La edad de oro*). Se exilió en México y dirigió muchas películas famosas, entre ellas *Los olvidados*, *Tristana* y *Viridiana*. En el año 1961 ganó la Palma de Oro del Festival de Cannes.

7.

1. FRIGORIFICO
2. TIENES
3. DEJAS
4. ACOSTARSE
5. FELIZ
6. CUCHARA
7. ESTANCO
8. SATISFECHO
9. TOMAS
10. ENCONTRAR
11. TOCAR